René Weiland

Überfordert uns die Moral?

Für Sigrid und Marian

Inhalt

Vorbemerkung

Dieses Buch ist keines über Moral, obwohl es von nichts anderem als Moral handelt. Bücher über Moral haben, wie solche gegen Moral, etwas Anrüchiges. Moral ist keine Disziplin, in der man sich irgend hervortun könnte, außer in dem Bemühen, nicht ungerecht zu handeln und zu sein, niemanden – auch nicht sich selbst – zu erniedrigen. Das ist schon genug. Zugleich sind wir für uns selbst nie ganz und gar die moralischen Wesen, die wir der Möglichkeit nach sind: sind wir doch nur im seltensten Falle auf der Höhe unserer eigenen – guten – Fähigkeiten.

Moral ist einerseits nichts Besonderes, andererseits das alles Entscheidende, das, was uns, als Menschen, zu mehr oder weniger menschlichen Menschen macht. Wenn hier also von Moral die Rede ist, dann in indirekter Weise. Sie ist etwas uns schon Mitgegebenes, wie der Schatten, der, solange wir leben, mit uns läuft. Und uns manchmal erschreckt. Warum? Weil wir merken, daß wir, noch wo wir allein sind, nicht alleine sind – selbstverloren werden wir an uns erinnert.

Die Rede von der Moral erweist sich letztlich als derjenigen von der menschlichen Freiheit identisch. So genommen, ist dieses Buch der Versuch einer Selbstvergewisserung. Wir alle, der Autor eingeschlossen, haben sie nötig, um zumindest nicht bereits an uns selbst verzweifeln zu müssen.

1
Das (nicht) Selbstverständliche

Moral: das ist das Selbstverständliche. Das Selbstverständliche ist uns jedoch nicht schon selbstverständlich gegeben. Das ist das politische Problem von Moral, eines, das wir, als potentiell moralische Wesen, mit uns selbst haben. Es ist ja der Regelfall, daß das, was sich von selbst versteht, nicht im selben Maße in der alltäglichen Welt repräsentiert ist – etwa, daß es zwischen Menschen gerecht zugehen soll, weil wir, so unterschiedlich wir realiter sind, idealiter Gleiche sind: ich mich dem gegenüber, der mir vertraut, vertrauenswürdig verhalten sollte. Unsere Erfahrung der Inkongruenz von Selbstverständlichem und Gegebenem vermag indes die Fraglosigkeit des Moralischen nicht grundsätzlich in Zweifel zu ziehen. Im Gegenteil: das Moralische wird im Maße der erfahrenen Kluft unsere Sehnsucht nach einem fraglos Gültigen nur verzweifelter werden lassen. Genauso wenig „haben" wir das Selbstverständliche schon, wenn wir seiner intellektuell gewiß sind. Eher gibt uns seine schmerzende Abwesenheit Anlaß, auf die Wirklichkeit des Guten zu „setzen": in unserem Handeln das, was sich von selbst versteht, *von uns aus* zu Geltung zu bringen.

Mögen unsere Vorstellungen von Moral noch so borniert sein, sie speisen sich aus einem immer schon vorausgesetzten, „eigentlich" Selbstverständlichen.

Aus diesem Bezug beziehen die Moralen – selbst die falschen – *all* ihre Überzeugungskraft. Gleichsam vor allem Verstehen verständlich, befähigt uns die Idee des Selbstverständlichen überhaupt erst zu mitmenschlicher Verständigung. Unwillkürlich setzen wir, wenn wir moralisch argumentieren, eine apriorische, unverfügbare Ordnung voraus, zumal dann, wenn es um unsere eigenen Rechte geht, wenn wir darauf angewiesen sind, sie für uns einzuklagen. Wo jedoch wird diese Klage vorgebracht, wenn nicht vor einer erhofften, ganz und gar transzendenten Instanz eines von sich her zu Verstehenden, Unverbrüchlichen, das uns Gerechtigkeit widerfahren lassen wird? Wenn wir einen Mächtigeren um Fairness bitten, dann rekurrieren wir bereits auf ein moralisches Apriori, demgemäß das Moralische nicht von herrschaftlicher Setzung oder Definition abhängen darf, da sonst die Herrschenden nicht ihrerseits einem Moralischen unterstellt wären (und unser Appell an sie strictu sensu sinnlos wäre).

Indem wir das Moralische als uns a priori mitgegeben begreifen, entheben wir uns zugleich dem Zwang, unser situatives moralisches Empfinden in einer Art unendlichem Regress vor uns selbst rechtfertigen zu müssen, genauso wie es uns davon frei macht, unser moralisches Selbstbewußtsein von dem Urteil anderer über uns abhängig machen zu müssen. Es gibt nichts „hinter“ dem Selbstverständlichen; denjenigen, die das Moralische nicht schon als selbstverständlich voraussetzen, sondern es statt dessen auf definitorische Setzungen zurückführen, gerät es zu einem im wahrsten Sinne unendlichen Problem. Dies aber ist das Moralische nur *theoretisch*. Moral erfordert, im Gegenteil, in genau dem Maße, wie sie unsere Integrität verbürgt, Verendlichung – in Form von Einfachheit unserer Haltungen, Handlungen und Entschlüsse.

Daß wir das Moralische als selbstverständlich voraussetzen, setzt uns vordergründig der Gefahr aus, uns der Sache des Moralischen allzu gewiß zu sein, d.h. zu wissen, *was* das Selbstverständliche ist. Wir sind nie auf gleicher Höhe mit dem Selbstverständlichen; wir peilen, umgekehrt, diese Höhe an, wenn wir uns als moralische Wesen zu erweisen suchen. Ein moralisches Wesen bin ich nur insofern, als ich frei bin, mich ebenso sehr dagegen zu entscheiden. Ironischerweise *bleibe* ich nur im Maße meiner Moralität frei: indem ich frei will, was ich soll (und kann). Freiheit ist an Wiederholbarkeit gebunden, d. h. an unaufhörliche Ver-Gegenwärtigung. Das unterscheidet sie von der Willkür, die sich in ihren Handlungen und Setzungen erschöpft, die, um Dauer zu erlangen, Zwang benötigt; die nichts außer ihrer duldet, es sei denn als „Material".

Nur für freie Wesen gibt es den Anderen als ihn selbst – gibt es Wirkliches. Darüber, daß wir außer unser noch Selbst-sein zulassen, wollen wir dem Wirklichen unwillkürlich *wohl*; erst aus solchem Wohlwollen erschließt und erhält sich uns, zwanglos, die Idee eines Selbstverständlichen. Das Moralische ist nicht Gegenstand, sondern Unterpfand unserer Freiheit. Daher kommt es, daß uns das Selbstverständliche des Moralischen „irgendwie" – nämlich nach Maßgabe unserer Freiheit – vertraut ist; daß wir seiner umso gewisser sein können, wie wir es inwendig (menschlich) kennen und nicht auswendig (kulturell) hersagen können.

Als Selbstverständliches ist das Moralische einfach; *darin* ist es unauslotbar. Paradoxerweise bezieht es seine Verstehbarkeit aus dieser Unauslotbarkeit. Es ist nicht Gegenstand eines Wissens, das wir irgend erlernen könnten, d.h. das wir von außen her aufnähmen, ohne je schon undeutlich, auf es innerlich vorbereitet zu sein; einfach, unauslotbar und innerlich vor-gewußt, ist Moral immer Moral von *Lebenden*. So ist es denn auch unmöglich, sie in einer einzigen Formulierung – einer Formel (in Form der Goldenen Regel) – aufgehen zu lassen.

Weil wir unser Handeln nie gänzlich durchschauen, wir uns nicht vollständig kennen, müssen wir uns immer neu begreifen lernen: als geschichtliche Wesen, die sich im Unvoraussehbaren bewegen und sich in Bewegung selbst bestimmen. So dunkel uns unsere eigene Gegenwart bleibt, so sehr sind wir genötigt, in Hinblick auf das von uns – unklar und vorläufig – gesteckte Ziel Klarheit über uns selbst zu erlangen. Andererseits: Sowenig wir uns selbst verstehen, sowenig wissen wir überhaupt nicht, wer und was wir sind; etwas ist „gemeint" mit uns, aufgrund dessen wir uns zu allererst die Frage vorzulegen vermögen, was wir mit unserem Leben anfangen sollen.

Fragend, wie und woraufhin wir unser Leben zu leben haben, bestätigen wir schon seine Sinn-Struktur. ‚Sinn' heißt formal, daß sich unsere Subjektivität im Objektiven wiederfinde, daß uns die Welt nicht prinzipiell unzugänglich sei; inhaltlich: daß wir, lebend, zugleich *unser* Leben leben, daß sich etwas mit uns verwirkliche, das sich nur durch uns verwirklichen läßt. Unser Leben lebend, *führen* wir unser Leben. Als Wesen, die sich nie ganz transparent werden, leben wir unser Leben, frei, aus unserem eigenen Dunkel heraus. Eines nur wissen wir klar: daß wir unser Leben in gerechtem Ausgleich mit den Leben der anderen führen sollen. Moralisch wird Sinn in Form der Gerechtigkeit, als Friede, gewahrt; mit Emmanuel

Levinas zu sprechen: darüber, daß, bevor die Person sich selbst unerläßlich ist, sie der Gerechtigkeit unerläßlich ist.

Als Personen, die auf ihre Weise existieren, indem sie, unvertretbar, aus ihrem Innern heraus ihr Leben leben, macht eine jede *sich* vernehmbar: als ein Wesen, das sein Innen äußert – dort noch, wo es dieses verbirgt. Zwischen Personen gibt es, strenggenommen, keine rein äußerliche, indifferente Beziehung. Noch dort, wo solche Beziehungen zu herrschen scheinen, nämlich „draußen" (auf der Straße, im Berufsleben, in der Diplomatie), werden sie, aus Gründen des Selbstschutzes, ausdrücklich gesucht und gewollt bzw. von denjenigen, die die Nähe des Menschlichen suchen, als Kälte erlitten.

Indem ich mich, mich äußernd, dem Anderen zeige, zeige ich mich ebenso sehr mir selbst „mit dessen Augen". Mich zeigend, stelle ich mir bereits vor, wie mich der Andere sehen mag. Dies ist die Quelle sowohl meiner Ehrlichkeit als auch meiner Heuchelei: Zeige ich wirklich *mich*, wenn ich mich dem Anderen zeige, oder zeige ich mich schon in der Weise, wie ich glaube, das mich der Andere sehen will? Kann ich, andererseits, dem Anderen zumuten, mich ohne Rücksicht auf ihn, vor ihm zu entblößen? Wie auch immer ich mich zu verhalten entscheide, werde ich meiner selbst als ein Innen inne, das in sich auf das Innen Anderer bezogen ist. Diesen Bezug mir zu eigen zu machen, entscheidet darüber, wie gerecht ich zu sein vermag; wie sehr ich schon in meiner Vorstellung dem Du, das mich von außen beansprucht, als einem sich ausdrückenden Innen – ohne daß ich es kennen müßte – gerecht werde.

Damit sie sich selbst als ein Selbst leben kann, bedarf die Person der äußeren Sicherung ihres Rechtes auf Selbstbesitz und Selbstbestimmung. Alles, was rechtlich und politisch über den Einzelnen gesagt und verfügt wird, um Geltung beanspruchen zu dürfen, muß potentiellerweise vom Einzelnen über sich selbst gesagt und verfügt werden können. Das ist die ganze, einfache Wahrheit von Demokratie. In der Sprache der Moral: Ich soll etwas, weil ich es sollen *kann*. Zu unterlassen, was ich eigentlich kann, ist subjektiv unmoralisch; zu sollen, was ich nicht wollen kann, objektiv.

Dieses Heute, dieses Hier verleiht dem Selbstverständlichen die Signatur einer drängenden Bewährung. Wir leben und denken, leiden und handeln *jetzt*. Zugleich können wir nicht nach Maßgabe unserer Gegenwärtigkeit über Moral befinden. Das hieße, unsere Zeitgenossenschaft mißzuverstehen, sie nicht als eine Aktualisierung unserer Teilhabe an der einen, einigenden Menschlichkeit zu verstehen, sondern als „Gesetz" unseres Willens zu uns selbst; eines Willens, der, sosehr er sich dem Gesetz der Teilhabe verschließt, leer und ungerecht ist.

Unsere Gegenwart ist bedeutsam und flüchtig in einem. Darin unterscheidet sie sich von der schlechten Unendlichkeit eines sich verabsolutierenden Heute, dem Vergangenheit und Zukunft immer nur Vergangenheit und Zukunft in Hinblick auf dieses – unser – Heute ist. In dem Augenblick, da eine Gegenwart ihr Bewußtsein davon verliert, was sie ver-gegenwärtigt, sobald sie aufhört, sich als Resultat eines Verzeitlichungsgeschehens zu begreifen – als etwas, das seine Sinnhaftigkeit von einem Überzeitlichen geborgt hat –, verhärtet sie sich zu Zwangsläufigkeit: daß wir, kraft unserer bloßen Gegenwärtigkeit, uns den Vergangenen überlegen meinen. Blindgeworden an der Härte unserer selbstgerechten wie vergeßlichen

Gegenwärtigkeit, leben wir an uns selbst, unseren Möglichkeiten und Aufgaben, die uns unsere Gegenwart bietet bzw. auferlegt, vorbei. Notwendigerweise fühlen wir uns denn von alldem überfordert, was nicht im Selbstbild unserer Gegenwart aufgeht. Menschliche Menschen sein zu wollen, heißt dann, „Idealisten“ sein zu müssen. Solange die Möglichkeit der Selbst-Verfehlung der historische Normalfall ist, solange bleibt die Menschlichkeit des Menschen der moralische Idealfall. Solange auch stellt unser schlechtes Gewissen den strukturell besten Teil unserer selbst dar – indem es uns, im wahrsten Sinne, zeigt, wo wir aktuell stehen.

Aller erlebten Veränderlichkeit in der äußeren Welt, aller durchlebten inneren Dunkelheit zum Trotz besitzen wir in uns die – undeutliche – Gewißheit eines überzeitlich Gültigen. Wir besitzen diese Gewißheit nicht in Form eines Wissens – ein für allemal –, sondern als eine unserer Innerlichkeit mitgegebene Fähigkeit, uns Überzeitliches zu vergegenwärtigen. In diesem Sinne erfahren wir die moralische Wirklichkeit nicht als etwas Objektiv-Überindividuelles, sondern stets im Medium unserer eigenen, subjektiven Wahrnehmung, als etwas, das wir innerhalb unseres Selbstvollzugs als Personen immer schon mitvollziehen. Desgleichen tritt uns Moral auch nie als *die* Moral entgegen, sondern kanonisch gefiltert, in Gestalt konkreter Regeln und Normen, von Üblichkeiten, die sich mehr oder weniger bewährt haben, d.h. in der Zeit eine überhistorische Gültigkeit erweisen konnten. Wie mich Bewährtes in meinem Menschsein hält, werde ich innerlich verunsichert, sobald ich etwas als gültig akzeptiere, was ich nicht verstehe. Das heißt, ich komme nie umhin, aus mir selbst heraus leben zu sollen, im Außen Geltendes innerlich mitzuvollziehen.

Zwar bin ich historisch und sozial determiniert, doch nichtsdestoweniger frei. Kraft meiner Innerlichkeit befinde ich mich jenseits alles Vorfindlichen, Determinierenden. Aus diesem Jenseits spricht denn auch mein Gewissen. Ich selbst spreche zu mir aus einer Höhe, die mich als Geist-Wesen, das sich in sich selbst übersteigt, ausweist. Mein Gewissen gemahnt mich an die Unumgänglichkeit solchen Überstiegs, die mein freier Wille, durch nichts als durch sein Verlangen nach Glück determiniert, mit mir vollzieht. Die Freiheit meines Willens nimmt mich sozusagen in meiner physisch-bedürftigen Existenz mit – dorthin, wo ich mein Wesen rein ausprägen, mich als Selbst vollbringen kann. Die Frage ist nur, wieweit sich mein in Alltägliches verwickeltes, von Selbstherrlichkeit und Suggestionen korrumpiertes Ich überhaupt mitnehmen läßt. Bin ich, frei, auch zur Freiheit bereit? Habe ich den Mut, mein eigenes Leben zu leben, es als ein solches durchzuhalten, im ganzen Verantwortung für mich zu übernehmen?

Wie wir unser Leben in der Geschichte, an einem Ort, im Ausgleich mit anderen absolvieren, so spricht auch unser Gewissen immer in konkreten Situationen zu uns, in determinierenden Zusammenhängen, innerhalb derer wir handelnderweise unsere innere Unabhängigkeit aufs Spiel setzen. Unabdingbar ist hierfür die Bereitschaft, sich von den uns begegnenden Situationen und Zusammenhängen belehren zu lassen. Die Belehrung durchs Außen verhält sich analog zur Bewährung des Innen: Indem wir in Fühlung mit der inneren Werthaftigkeit der äußeren Wirklichkeit bleiben, erhält unsere Selbsttreue Welthaltigkeit und Weite. In diesem Sinne ist mein Gewissen weniger ein Hort des Kontrafaktischen denn ein Ort der Verinnerlichung von Wirklichkeit. Ebenso ist die Stimme meines Gewissens nicht so sehr meine konstante innere Stimme als vielmehr ein drängend-versammelndes Sprachgeschehen: das Organ, vermöge dessen ich mich, indem ich mich in mir übersteige, mit mir in Übereinstimmung bringe.

Unser Gewissen ist uns zugänglich, doch darin unergründlich. Wir besitzen kein sachliches Wissen von ihm, und auch unsere Reflexion reicht nicht an es heran. Es bleibt uns nur, unser Verhältnis zu uns selbst zu reflektieren und damit auf die Instanz, die unser Selbstverhältnis reguliert. Das Gewissen reguliert unser Selbstverhältnis in Hinblick auf unsere glückende Selbstübereinstimmung, unter der Maßgabe, das Gute zu tun und das Böse zu meiden; darin begleitet es unser Fühlen, Denken und Handeln.

Lasse ich mich aber freiwillig von meinem Mit-Wisser begleiten? Pflege ich meinerseits ein freimütiges Verhältnis zu ihm? So wie meine physische Existenz sich von meinem Geist „mitnehmen" lassen muß, um eines besseren, höheren, eben *meines* Lebens teilhaftig werden zu können (denn unser Selbst schon stellt diese „Höhe" dar), benötige ich auf diesem Weg einen aufrichtigen Begleiter, dem ich mein Fühlen, Denken und Handeln vermittle und mich darüber mit mir selbst auseinanderzusetzen lerne. So vermag ich, in mir, mit mir ins Reine zu kommen. Noch der vermeintlich Gewissenlose bleibt nicht ohne inneren Zeugen; er läßt ihn nur nicht zu Wort kommen. Er überbrüllt ihn – sich selbst. Er rechtfertigt sich vor aller Verhandlung mit sich über sich selbst.

Wenn ich, aus Mutlosigkeit oder nur übler Gewohnheit, das Gespräch mit mir selbst vernachlässige, beginne ich zu versinken, wo ich mich eigentlich zur Höhe meiner selbst (d.h. meines Selbst) aufschwingen sollte. Mein Verhältnis zum Außen bedeutet mir sodenn, wo ich stehe: Meine innere Ungeordnetheit verlängert sich ins Gestische, drückt sich in ungerechten Handlungen aus. In der Unduldsamkeit gegenüber einem anderen Menschen (oder einem Ding) spricht sich in der Regel ein innerer Konflikt aus. Eine Unmutshandlung (etwa eine autoritäre Bewegung der Hand) kann Anlaß zu Innenschau und Selbstkritik bieten. Sollte ich diesen Anlaß unreflektiert verstreichen lassen, mich gegenüber dem Schmerz-Signal des von meiner Unduldsamkeit Getroffenen, gar wiederholt, unempfänglich zeigen, dann wird mich auf lange Sicht mein ungerechtes Verhalten zu einem – zunächst partiell – ungerechten Menschen machen. Ich für mich selbst mag verwahrlosen, meine Talente verschleudern, meine Verantwortungen abstreiten wollen – es ist letztlich der andere Mensch, an dem meine Schwächen zu Ungerechtigkeiten werden. Nur die eingesehene Ungerechtigkeit – und keine asketische Übung – wird mich wieder ins Gespräch mit mir selbst bringen.

Es unterscheidet Reue von der Askese, daß sie, indem wir unser eigenes Tun verurteilen, unsere Willensrichtung umkehrt. Über diese Umkehr, und eben nicht über ein Training unseres Wollens, erlangt der Bereuende seine Freiheit wieder. So sah Max Scheler nicht im Utopismus, sondern in der Reue eine revolutionäre Kraft am Wirken: indem sie einer moralischen Entropie entgegenwirkt, in der Form, daß sie unsere Erinnerung *aktiv* werden läßt und dergestalt den Fluß historischer Zwangsläufigkeit unterbricht. „Man sagt uns, Reue sei ein sinnloser Stoß, den wir gegen ein ‚Unabänderliches' führen. Aber nichts in unserm Leben ist in dem Sinne ‚unabänderlich', wie es dieses Argument meint. Alles ist erlösbar, soweit es Sinn- und Welt- und Wirkungseinheit ist. Eben dieser ‚sinnlose‘ Stoß ändert das ‚Unabänderliche‘ und stellt den bereuten Unwertgehalt ‚daß ich dies tat‘, ‚daß ich so war‘ auf neue Weise und mit neuer Wirkungsrichtung in die Totalität meines Lebens hinein.“[1]

‚Es ist geschehen. Es tut mir leid. Aber ich kann es nun mal nicht mehr ändern‘: dieser Bescheid von Tätern an die einst Getroffenen erweist sich gleichermaßen hilflos angesichts der vergangenen Tat wie fortgesetzt ungerecht. Denn er *will* es nicht ändern. Hieße das für ihn doch, die Tat in sich zu bereuen, sich womöglich selbst dafür verachten zu müssen. Was der Verstockte, an seinem Tun Vereinsamte nicht zu sehen vermag (weil er es sich nicht zutraut), ist, daß er, würde er die Klärung, die Versöhnung durch Reue wollen, aus seiner Einsamkeit erlöst würde.

Mein Gewissen ist nichts von meiner Person abstrahierbares „Geistiges“. Nur ich in meinem leibhaften Existieren kann die Stimme meines Gewissens hören oder verleugnen, verstehen oder mißdeuten. Gleichzeitig ist mein Gewissen nur in einem vermittelnden Sinne meines: als Instrument meiner Selbstübersteigung, über die ich mich mit mir in Übereinstimmung bringe. Wenn das Gewissen eine letzte Instanz darstellt, dann weniger, weil es unkorrumpierbar, unfehlbar wäre, sondern weil nichts in der Welt existiert, worauf wir irgend sonst unsere Integrität gründen könnten. Damit ich mit meinem ‚besseren Selbst‘ im Gespräch bleibe, braucht es sosehr Freiheitsübung und Gewissensbildung: durchgehaltene Treue zu sich selbst und Zivilcourage, aber auch Aufmerksamkeit und Bereitschaft zur Belehrung. Damit unser Gewissen zwischen der Wert-Erfahrung in Begegnung mit

---

[1] Max Scheler: Vom Ewigen im Menschen, Leipzig 1921, S. 17.

der äußeren Wirklichkeit und den Eigentümlichkeiten unserer Selbst-Absolvenz vermitteln kann, muß es fortgebildet werden: in Hinblick auf unsere Selbstübereinstimmung wie in ausgleichendem Verkehr mit anderen Menschen, inmitten realer, werthaltiger Kontexte.

Wenn das menschliche Selbst eine Höhe bezeichnet, auf die hin sich der Einzelne, um Mensch zu werden, d.h. zu bleiben, immer neu übersteigen soll, dann bedeutet das einerseits, daß der Mensch sich nicht selbst besitzt, andererseits jedoch, daß er immer schon teilhat an dem ihn Übersteigenden. Er ist also zugleich weniger, als er sein könnte, und mehr, als er hier, jetzt ist. Ebendiese Teilhabe wird uns über unser Gewissen gesichert. Mit den Worten des Thomas von Aquin: „Wenn auch der Mensch nicht über sich selber steht, so steht doch der über ihm, von dessen Gebot er ein Wissen hat; und so wird er gebunden durch sein eigenes Gewissen."[2]

Das Gewissen hat zunächst Erkenntnis-Charakter. Nur, daß wir, wenn wir mit unserem Gewissen erkennen, wir dies mit unserem ganzen Menschsein, unserer Existenz als solcher tun. Thomas unterscheidet zwei Aspekte des Gewissens, *synderesis* und *conscientia*. Stellt die Synderesis unseren vernunftsgeleiteten Anteil an der moralischen Wahrheit dar, so die Conscientia die Fähigkeit, im konkreten Fall etwas als gut oder übel zu erachten, jetzt und hier, spontan, eine Gewissensentscheidung zu treffen. Bezeichnet die Synderesis die Einstellung des menschlichen Geistes

---

[2] Thomas von Aquin: Von der Wahrheit, 17, 3 ad 3. In: Sentenzen über Gott und die Welt. Zusammengestellt, verdeutscht und eingeleitet von Josef Pieper, Einsiedeln und Trier 1987, S. 121.

zum Ewigen Gesetz (*habitus*), so stellt die Conscientia deren praktisch gewordene Anwendung auf einen aktuellen Fall dar (*actus*). Während die Synderesis, habituell, unsere Teilhabe an der Wahrheit des Sittlichen verbürgt, ist der Gewissens-Akt der Conscientia der Irrtumsfähigkeit unterworfen. Irrtumsfähigkeit bleibt jedoch bei alldem eine *Fähigkeit*, ruft sie doch geradezu nach Belehrung und läßt uns Umkehr begehren. Irren und Fehlen können wir nur aus unserer Fähigkeit, einsehen und umkehren zu wollen; von daher bindet uns denn auch das Gewissen, noch wenn es irrt.

In der Differenz von Synderesis und Conscientia zeigt sich zum einen die Historizität unserer moralischen Existenz, zum anderen der geistige Fokus unserer Geschichtlichkeit. Weder vermögen wir jederzeit im Wahren zu sein, noch uns vollends von ihm zu entfremden. In der Geschichte hat der Begriff des Gewissens verschiedentliche Deformationen erlebt, sei es, daß er im Sinne der Folgsamkeit enggeführt, sei es, daß er als Organ individueller Selbst-Gesetzgebung überdehnt wurde.[3] Das Gewissen ist sowohl in seiner heteronomen Kontrollfunktion als auch in seiner autonomen Weisungsfunktion derart extrapoliert worden, daß es darüber an sich selber maßstabslos geworden ist. So hat Luther folgenschwer die Conscientia von der Synderesis gelöst, um das Gewissen, als *gutes* Gewissen, ganz und gar der Frömmigkeit zuzuschlagen. Unter den Auspizien der Aufklärung stellte Immanuel Kant das Gewissen aber erneut unter beide Gesichtspunkte, indem er die Synderesis als

[3] Vgl. Hans Reiner: Gewissen. In: Historisches Wörterbuch der Philosophie. Herausgegeben von Joachim Ritter, Darmstadt 1974, S. 580ff.

selbstreflexive praktische Vernunft wiedereingeführt hatte, derzufolge der Einzelne Angeklagter und Richter in einem ist. Er konnte dies nur widerspruchsfrei denken, insofern er eine „ideelle Person“ – Gott – hinzudachte, von der wir als Richter über uns selbst Weisung empfangen können.

Vor allem ab der zweiten Hälfte des 19. Jahrhunderts wird die Integrität des Gewissens begrifflich historistisch aufgelöst, um als abgeleitetes, herrschaftsvermitteltes Phänomen psychologischer Determination aufgefaßt zu werden. Mit der zunehmenden Psychologisierung des Gewissens-Begriffs wird seine normative Kraft in Frage gestellt bzw. Normativität restlos autoritativ gedeutet. Sigmund Freud schließlich hat den Gewissens-Begriff vollständig diskreditiert, indem er es als Über-Ich faßte, das das bewußte Ich überwacht und insofern unterdrückt (wobei nur mehr die doppelte Frage bleibt, ob das Ich solcher Unterdrückung zum Zwecke seiner Kulturfähigkeit bedarf oder ob, umgekehrt, seine Kultiviertheit nur Ausdruck einer Abrichtung ist). Immer weniger wird das Gewissen als etwas Primäres, Mitgegebenes und Unverfügbares verstanden, sondern als etwas Sekundäres, Anerzogenes, Willkürliches, sei dieses auch „notwendig“. So daß Befreiung forthin als Befreiung *vom* Gewissen und nicht mittels des Gewissens (im Sinne des Widerstandsrechts gegen Tyrannei) begriffen wird. Freiheit wird als gleichsam totale Neuerschaffung gedeutet, die ihrerseits keinen Maßstäben unterworfen ist außer denen des Willens zu solcher Befreiung selbst.

Im ausgehenden zwanzigsten Jahrhundert hat sich vor die „naive“ Frage nach dem Wesen des Gewissens die formale nach dessen methodischem Erweis geschoben. Das Gewissen wird nur mehr als Als-ob genommen, aber darin gleichsam absolut. Wir wollen zwar nicht wissen, *was* das Gewissen ist, aber „wissen“, was Gewissensfreiheit sei: Meinungsfreiheit. Hierin drückt sich ein Freiheitsbegriff aus, der von sich her keinen Bezug mehr auf Wahrheit aufweist.

Einerseits also trauen wir unserem Gewissen intuitiverweise nichts mehr zu, andererseits stellt die Freiheit des Gewissens die Conditio sine qua non unseres republikanisch-demokratischen Miteinanders dar. Allein, sosehr diese Grundbedingung leer bleibt, sowenig werden wir uns in unseren Gesellschaften wiedererkennen. Noch unsere Demokratien sind, so verstanden, nicht auf der Höhe ihrer selbst. Die Goldene Regel als der harte ethische Kern der Demokratie ist nicht schon die Antwort, sondern nur der Rahmen, innerhalb dessen wir unser Leben leben und, auf diesem Wege, uns als ganze Menschen zu verwirklichen versuchen.

2
Die Krise der Gegenseitigkeit und der Spiegel der Kritik

Die Erfahrung der Kluft zwischen idealiter Gültigem und realiter Geltendem teilt sich uns Modernen – in seinen Extremen – auf zweierlei Weise mit. Zum einen erfahren wir es herrschaftsförmig, als Dominanz bestimmter – kollektiver – Moralvorstellungen, die sich selbst als allgemeingültig begreifen (ohne die Tatsache der eigenen Dominanz schon als Dementi der vorgegebenen Allgemeingültigkeit zu durchschauen); zum anderen psychologisch, in Form des Defaitismus, der uns innerlich von der Frage nach dem Guten Abschied nehmen läßt, um in einem nächsten Schritt ein für alle Menschen Gültiges zu leugnen. Mündet das eine in autoritäre Selbstgewißheit, so das andere in nihilistische Selbstaufgabe. Während der Autoritatismus unserem freien Willen Gewalt antut, spricht uns der Nihilismus als grenzenlos freie Wesen an – und läßt uns mit unserer Freiheit allein; was zur Folge hat, daß im selben Maße, wie die Freiheit mit ihren Grenzen auch ihren Sinn verloren hat, wir uns zur Freiheit „verurteilt" fühlen.

Werden wir dort gedemütigt, so sind wir hier verzweifelt. So oder so müssen wir uns überfordert fühlen, denn hier wie dort wird der Moral ein Sitz im Leben bestritten: unverfügbares Regulativ unserer Handlungen und Unterlassungen gleichermaßen *über* uns wie *in* uns zu sein. Statt dessen wird Moral,

„interessiert“ auf der einen, resigniert auf der anderen Seite, als etwas Fremdbestimmtes und Fremdbestimmendes betrachtet – sei es, daß wir das uns Äußerliche, durch Herrschaft oder Kultur vermittelt, zwanghaft erlernen, um es, einmal erlernt, stets befolgen zu sollen; sei es, daß wir, ohne jeden Halt, ohne je auf etwas, das unserem eigenen Willen und Tun immer schon voraus läge, vertrauen zu dürfen, unser Leben leben müssen.

Denn nichts scheint leichter, als die Gültigkeit eines Selbstverständlichen zu leugnen, nichts evidenter als die Schlechtigkeit einer Erfahrung. Haben wir nicht schon zu viele Erfahrungen fortwährender, ungesühnter Ungerechtigkeiten machen müssen, Erfahrungen, die uns im Innersten zu entmutigen drohen? – In Wirklichkeit jedoch hält eine noch so schlechte Erfahrung unserer Hoffnung auf das Gute gar nicht stand, ebenjenem Rest, der über die Erfahrung selbst (und über unsere – nicht immer guten – Absichten) hinausgeht und uns so jedesmal die Möglichkeit eines Neubeginns offenhält. Nur so ist überhaupt denkbar, daß eine schlechte Erfahrung – etwa getäuscht und betrogen worden zu sein – noch *für* etwas gut ist, und sei es, daß der einzige Nutzen darin besteht, sie ein nächstes Mal zu vermeiden. Für etwas gut ist eine schlechte Erfahrung nur der Möglichkeit nach, sofern wir nämlich, aufs Gute vertrauend, es ergreifen, Gebrauch von unserem Vertrauen machen. Es ist ja ebenso sehr denkbar, daß wir nicht-vertrauend uns in unserem Mißtrauen einschließen. Was aber bedeutet wiederum das Sicheinschließen gegenüber dem Guten, wenn nicht eine Art Geiz in Hinblick auf unser Hoffen und Wünschen, mit der paradoxen Folge, daß sich Entmutigung ausbreitet.

Eine schlechte Erfahrung verarbeiten wollend, setzen wir unwillkürlich den Gedanken einer moralischen Ordnung in Form eines ‚Wenn alles mit rechten Dingen zuginge ...' voraus. Allein dieser Gedanke bewahrt uns *in* der Krise einen Rest an innerer Stabilität, ohne den wir die Erfahrung eines Schlechten nicht überstünden. Sollte uns dieses Axiom gänzlich undenkbar geworden sein, wir wären verloren. Wir wären uns in uns abhanden gekommen. Wie aber kommt es, daß wir das Gute, das was uns allererst innerlich stabilisiert, leichthin leugnen können? Deshalb, weil wir, ironischerweise, die Kraft zur Leugnung derselben Stabilität entnehmen. Es zeigt sich nämlich, daß nicht diejenigen, die Schweres durchzumachen haben, zu ihren Verächtern geraten. „Tatsächlich: diejenigen, die im tiefsten Sinn den Sinn des Lebens verloren haben und ‚Ungläubige' geworden sind, sind weder die Autoren absurder Dramen oder pessimistischer Gedichte, noch Selbstmörder, noch ewig von Spleens, Langeweile, Angst oder Hoffnungslosigkeit geplagte Leute, noch Alkoholiker oder Drogenabhängige, sondern andere: die Gleichgültigen."[4]

Wenn wir das Selbstverständliche leugnen, verneinen wir uns selbst als moralische Wesen. Wir verneinen uns als solche, die Gutes tun und bewirken können, Gutes, das von der Wirklichkeit des Guten ermöglicht wird. Diese Wirklichkeit trägt und hält uns noch dort, wo wir enttäuscht werden und uns Böses widerfährt. Ohne sie wären wir der Jeweiligkeit unserer Erlebnisse und Erfahrungen vollkommen ausgeliefert. Wir wären, genaugenommen, gar nicht in der Lage, irgendeine Erfahrung mit irgend etwas zu machen, denn das setzt ein Minimum an innerer Distanz

---

[4] Václav Havel: Briefe an Olga, Reinbek 1989, S. 177.

stanz voraus, die uns erlaubt, das uns Widerfahrene in ein von *uns* Erfahrenes zu verwandeln. Diese innere Distanz leitet sich noch von der Wirklichkeit des Guten her. Nur aus solcher Distanz heraus leugnen oder bestätigen wir auch die Existenz eines über alle Empirik erhabenen Selbstverständlichen.

Wir haben also die Freiheit, das, was uns ermöglicht, unsererseits entweder zu verneinen oder zu bejahen. Indem wir es bejahen, bestätigen wir lediglich, was uns bejaht. Es verneinend schneiden wir uns von der Wirklichkeit unserer selbst ab und stellen diese nur mehr vor uns her als etwas, das uns nicht innerlich beträfe. In bezug auf die Realität des Moralischen als eines Selbstverständlichen kann diese Leugnung entweder amoralisch-nihilistische oder hypermoralisch-moralistische Züge annehmen. So, wenn wir beginnen, Moral als einen Idealismus einzuklagen, der unsere Selbstverneinung sowohl zuspitzt als auch überkompensiert. Auf diese Art setzt sich unsere Selbstverneinung erst wirklich durch und macht sich als solche unkenntlich; der Moralismus verwischt die Spuren seines moralischen Unglaubens. Auf dieselbe Art überfordert uns denn „die“ Moral. Im Maße unserer Selbstverneinung emanzipiert sich gleichsam der Moralismus auf Kosten des Selbstverständlichen. Jenseits des Selbstverständlichen wird uns unsere eigene Freiheit zur Bedrohung. Wir erkennen in ihr nicht mehr eine Mitgift unserer Geistesbegabtheit, sondern müssen sie als eine böse Macht ansehen – was uns wiederum zu Zwang und Gewalt Zuflucht nehmen läßt. Beispielgebend hierfür ist Thomas Hobbes‘ Konstruktion eines so systematischen wie schreckenerregenden staatlichen Gewaltmonopols in Gestalt des gleichermaßen künstlichen und mythologischen *Leviathan.* Frei von aller Historizität (und allen Vorbildern) präsentiert sich die von ihm verbürgte Einheit des Staates als aus einem einmaligen Akt der Vernunft hervorgegangen, über einen Vertragsschluß, wo jeder Einzelne sein „Naturrecht", den anderen aus Gründen eigener Selbsterhaltung töten zu dürfen, an das übermächtige Ungeheuer ‚Staat' (das mit nichts in der Welt Ähnlichkeit aufweist, genauso wenig wie es seine Macht mit irgend jemandem teilt) abtritt. So soll der Gesellschaftsfrieden gewährleistet sein; wobei Frieden identisch wird mit der Preisgabe von Freiheit überhaupt und die Vernunft sich in der Einwilligung in den Zwang erschöpft. Ganz aus Kalkül und Schrecken konstruiert, ist der Hobbes'sche Leviathan ein Monstrum, das, obwohl es der reinen Vernunft entsprungen sein soll, vollständig mythologischen Charakters ist. Dessen Rationalität hat selbst dämonische Züge.

Während Aristoteles den Staat um des bloßen Lebens willen geschaffen, jedoch um des vollkommenen Lebens willen fortbestehen sah, begreift ihn Hobbes als *letzthinnig* einem Notstand geschuldet. Und während Aristoteles in der Freundschaftsfähigkeit den Archetypus jedweden intakten Gemeinwesens erblickte, leitet Hobbes den Staat in seiner Genese aus dem Bürgerkrieg her; wobei der Staat die Paranoia, die ihm als Anlaß zugrunde liegt, im Schrecken seiner Herrschafts-Gewalt verewigt. Gesellschaftlicher Friede und politischer Zwang fallen in eins, so daß eine qualitative Unterscheidung zwischen geglückter und mißratener Politik, gerechter und ungerechter Herrschaft nicht einmal mehr denkbar ist.

Es gehört zum System der Furcht und des Zwangs, daß es im Maße seiner angestrebten Lückenlosigkeit kompensatorischen Charakters bleibt. Dies spüren wir, wenn wir uns überfordert fühlen. Das Gefühl der

Überforderung transportiert ein gleichsam total gewordenes Schuldgefühl. Das Schuldgefühl wiederum birgt sowohl ein Gefühl der Ausweglosigkeit als auch, undeutlich, die Ahnung eines tieferen Verlusts: unseres freien Selbst-seins. Beide Gefühle widerstreiten einander in uns, drohen uns zu zerreißen. In Wahrheit jedoch bahnt der Konflikt zu allererst einen Ausweg aus unserer Zwangslage. Einerseits fühlen wir, daß wir hypermoralischen – unsere Selbstverneinung nur zuspitzenden – Forderungen niemals gerecht werden können; andererseits ahnen wir, was uns „eigentlich" bindet. Nur, wir verstehen es noch nicht recht. Auf der Suche nach einem Verstehen unserer selbst wird zunehmend das, was sich von selbst versteht – als Bedingung der Möglichkeit unseres Selbstverständnisses –, mitvollziehbar. Von hier aus würden denn auch die Konturen dessen deutlicher lesbar, was uns jetzt, hier in Zwang und Schuld verstrickt.

In Dingen der Moral geht es nicht um die Befolgung und Erfüllung von Imperativen; vielmehr gibt es moralische Gebote nur zu dem Zweck, daß wir uns als Menschen realisieren. Es geht nicht darum, aus Gründen „der" Moral irgendetwas zu tun oder zu lassen, sondern darum, jemand zu sein: ein menschlicher Mensch. Moralische Forderungen setzen uns bereits als potentiell moralische Wesen voraus, welche an sich selber Forderungen zu stellen in der Lage sind. So fordert Moral nichts, was wir nicht zugleich von uns selbst fordern können, und zwar aus freiem Willen. In genau diesem Sinne ist Moral selbstverständlich, etwas, woraus wir uns selbst erst verstehen, indem wir uns *noch einmal* als Menschen, als menschliche Menschen, zu verstehen bemühen.

Als Medium unseres Selbstverständnisses als Menschen bezeichnet Moral ein unverlierbar Gemeinsames, was uns von jeher eint und woraufhin wir uns, immer wieder, einigen können: das ‚Gesetz der Teilhabe'. Als Menschen, die menschlich sein sollen, unterstehen wir diesem Gesetz nicht als etwas juridisch Abstraktem, sondern als der Allgemeinheit unseres eigenen Wesens, die unser Menschsein als ein Mensch-sein-Sollen bestimmt. Das Gesetz der Teilhabe gebietet uns nur in dem Maße, wie es uns an etwas erinnert: daß wir, erstens, unter anderen Menschen leben; daß, zweitens, jeder Mensch für sich ist und vor sich bestehen muß; daß wir, drittens, uns nicht selbst gemacht haben, sondern Geschöpfe sind, die das *wissen* – vernunftbegabte Geschöpfe.

Sobald wir, „realistisch", uns des Selbstverständlichen begeben, hören wir auf, unser Menschsein zugleich als Mensch-sein-Sollen zu begreifen. Wir beginnen unser Menschsein etwa kulturell zu bestimmen: unser jeweiliges Gewordensein konfirmierend, stolz, gerade derjenige zu sein, der man ohnehin ist, sich als Angehöriger einer Kultur zu wissen, die man selbst gar nicht gewählt hat. Statt uns also einer Idee von Menschsein zu unterstellen, machen wir uns ein Bild von uns selbst, indem wir uns, bespiegelnd, verdoppeln. Wir verlieren uns im eigenen Spiegelbild und verbannen sogleich jede Andersheit aus unserem Selbstbild als Menschen. Der kulturelle Blick ermöglicht, das eigene Ebenbild auf die Gruppe, der man geburtsgemeinschaftlich angehört, zu übertragen bzw. das Selbstbild der Gruppe noch im eigenen zu sehen. Deshalb auch macht sich, analog, die Andersheit des kulturell Fremden an der Lektüre seines Gesichts fest. So auch der rassistische Blick, indem er den kulturellen Blick gleichsam schärfer einstellt, wenn er ganz und gar aus dem Heimischen heraus die Differenz zum Fremden als Unheimlichkeit thematisiert.

Die Erfahrung der Kriege lehrt, daß die Unterscheidung zwischen Eigenem und Fremden, absolut genommen, Ungerechtigkeit gebiert. Es ist immer ungerecht, im Ansehen der Person zu urteilen. Abgründiger noch, lehren die Bürgerkriege, daß die Differenzlinie zwischen Vertrautem und Beängstigendem nicht nur kulturell, sondern zwischen Mensch und Mensch, jetzt, hier, verläuft, daß jeder jedem zum Unmenschen werden kann, wenn er einmal aufgehört hat, einfach Mensch sein zu wollen. Nur dann nämlich gibt er seinem Menschsein jene gerichtete, teleologische Bedeutung, die er für sich selbst, der er sein Leben leben will, ohnehin beansprucht.

‚Sein Leben leben' meint, sich in seinem unvertretbaren Menschsein zu gewahren und demgemäß – seiner selbst gemäß – verantwortlich zu handeln; es heißt, einen Appell an sich gerichtet zu fühlen, jetzt, hier, als der, der du bist, ein ganzer, menschlicher Mensch zu sein. Schnell stößt man, wenn man ein ganzer Mensch sein will, an Grenzen, äußere wie innere. Die Erfahrung unserer Grenzen ist die Erfahrung unserer selbst. Erst von unseren Grenzen her erblicken wir die in uns angelegten, noch unverwirklichten Möglichkeiten; indem wir diese zu entfalten suchen, weiten wir uns innerlich und verschieben so allmählich die vorgefundenen Grenzen nach außen. Ähnlich geben unsere Moralvorstellungen das wieder, was wir uns, im Guten und im Bösen, selbst zutrauen – *plus* dem, was wir uns, über unsere beschränkten Vorstellungen hinaus, für uns und unsere Lieben erhoffen: Gesundheit, Frieden, Glück, Erfolg – eben *Gutes*. Dieser Rest – eine Mischung aus Wunschdenken und Aberglaube, halb Hoffnung, halb Furcht – ist Quelle von Doppelmoral wie auch Ferment einer möglichen Umkehr. Inmitten unserer noch so bornierten Vorstellungen von Moral deutet etwas auf ein untilgbares Apriori hin: daß nicht wir es sind, die Gut und Böse definieren.

Aufgrund jenes Rests kann Moral weder kohärent systematisiert noch pragmatisch aufgelöst werden. Vielmehr beinhaltet das Moralische eine Art Unschärferelation unserer selbst zu ihr: ein Nicht-Wissen bei gleichzeitigem Irgendwie-Kennen. Moraltheoretische Pedanterie wie vulgär-empiristische Absage an die Selbstverständlichkeit von Moral scheitert an diesem Paradox. Wir können die Realität des Moralischen nicht getrennt von uns selbst erfahren. Im Gegenteil, unser Bewußtsein von der Integrität des Moralischen bedarf unserer eigenen Lauterkeit. Dies spüren wir nicht zuletzt, wenn wir versuchen, einem Kind Recht und Unrecht auseinanderzusetzen. Wir beginnen uns zu schämen, wenn uns auffällt, daß wir, ironisch, Mutwillen mit seiner Unwissenheit getrieben haben. Lauter, haben wir dagegen teil am Selbstverständlichen, werden zum interesselosen Träger eines Guten. Je egoistischer wir sind, desto fragwürdiger werden wir uns selbst – und mit uns die Idee eines nicht von unserer Definitionsmacht abhängigen Selbstverständlichen.

Begreifen wir das Moralische als Selbstverständliches, das nicht selbstverständlich gegeben ist, dann heißt, moralisch Kritik zu üben, weniger, uns in zukünftigen Notwendigkeiten als vielmehr in unseren unterlassenen „alten“ Möglichkeiten anzusprechen. Moralische Kritik ist nicht Unterweisung, sondern Klage. In der Klage spiegelt sich die Differenz zwischen Geltendem und Gegebenem zurück als Krise moralischer Gegenseitigkeit: als Appell ans ‚bessere Selbst‘ des anderen, der zu sein, der er von sich her sein könnte – in präzis diesem Sinne menschlich zu sein. Indem der Klagende eine – sich in Leid aussprechende – Krise der Gegenseitigkeit anzeigt, appelliert er zugleich an ein allgemeines, uns – dem Leidtragenden wie dem Leidverursachenden – gemeinsames Ideal. „Der Kritiker entwickelt die Hoffnungen, interpretiert die Ideale, mißt beide an seinem Spiegelbild der gesellschaftlichen Wirklichkeit. Der Kontrast soll die Menschen bewegen.“[5] So hält Hamlet seiner Mutter einen Spiegel vor, worin sie sich zur gleichen Zeit als die erkennt, die sie ist und die sie sein möchte: *Du kehrst die Augen recht ins Innre mir.* Der vorgehaltene Spiegel zeigt, „daß die ideale Ordnung nicht hier ist oder daß wir nicht da sind“[6]. Jeder, der moralisch Kritik übt, hat einen solchen Spiegel, den er seinesgleichen vorhält, wie ihm seinerseits jederzeit ein Spiegel vorgehalten werden kann. Gibt es auch eine Vielzahl von Spiegeln, Spieglern und Spiegelbildern – so viele, wie es Menschen gibt –, so stehen wir letztlich alle vor demselben Spiegel: dem, was in biblischer Tradition ‚Gottesebenbildlichkeit‘ und in der Sprache des Natur- bzw. Vernunftrechts ‚Menschlichkeit‘ heißt.

Ebendie Spiegel-Funktion moralischer Kritik macht eine Kritik *grosso modo* unmöglich. Eine pauschalierende Kultur- oder Zivilisationskritik unterscheidet nicht mehr zwischen einem wahrnehmbaren oder nachvollziehbaren Schlechter und Besser, sondern sie verwirft „alles“. Sie erschöpft sich in ihrem fremden, meta-ethischen Blick: einem Blick von jenseits der Teilhabe, der alles von außen und als Außen sieht. Mit dem sinnentleerten Kritisierten jedoch wird auch

[5] Michael Walzer: Zweifel und Einmischung, Frankfurt/M. 1991, S. 318.

[6] Ebd., S. 316.

die Kritik sinnlos – sie hört auf, Kritik zu sein. Das kritische Nein, so radikal es auch sein mag, kann nie ein absolutes Nein sein. Dieses ist nicht einmal denkbar. Umgekehrt ist auch Kritik an „der“ Moral noch moralische Kritik und als solche implizite Bestätigung eines von unseren Projekten und Projektionen unabhängigen Wertmaßstabs: eines untilgbaren Horizonts an Sinn, auf den wir, wollen wir mit unserem eigenen Leben irgend Sinn verbinden, unwillkürlich bezogen sind. Uns, die wir das Moralische aus unseren alltäglichen Überzeugungen und Praktiken herauslesbar wissen, wird so unmittelbar verstehbar, warum Aristoteles den Menschen als ein gleichsam von Natur aus politisches Wesen begreifen konnte. Er konnte dies, weil er im Wesen des Menschen Freundschaftsfähigkeit angelegt sah. Die Polis stellt den Wirklichkeitstest auf diese Anlage, dieses Wesen dar, so wie die Gesetze der Polis ihrerseits den Erfahrungen der Menschen miteinander abgeschaut und normativ interpretiert worden sind.

Noch in der Kritik muß der Geist des Selbstverständlichen gewahrt sein; sie bedarf eines Anhalts in einem Gemeinsamen, Gemeinsinnigen. Noch als Fähigkeit, zwischen Besser und Schlechter zu unterscheiden, untersteht die Kritik dem Gesetz der Teilhabe und von daher ihrerseits der Kritik. Kritik endet nicht mit und an der Selbstgewißheit des Kritikers, sondern an der Teilhabe als dem Unhintergehbaren unserer einen und einigenden Menschlichkeit; einer Menschlichkeit, von der wir selbst diejenigen nicht ausschließen dürfen, die sich selber von ihr ausschließen. Noch der Verräter kann ja verraten werden. Das heißt, wir üben unsererseits Verrat, sobald wir den Outsider restlos und endgültig einem Draußen überantworten – während wir selbst an dem Ausschluß innere Ruhe finden. „Die letzte unbedingte Macht des Seins ist in allen Bereichen, Formen, Gestalten des Seins eine. Darum ist Verrat im Wortsinn niemals ‚isolierbar'. Darum ist Verrat an anderen zugleich Selbstverrat und jeder Protest gegen Verrat Protest nicht nur im eigenen Namen, sondern zugleich in dem der anderen."[7]

Kaum ein Zeugnis, das diesen Protest beharrlicher formuliert hätte als Robert Antelmes Bericht „Das Menschengeschlecht". Über alle Grenzen der Selbstbewahrung gehend, beharrte Antelme noch dort auf der Einheit der Gattung ‚Mensch', wo sie am systematischsten bestritten wurde: in der Lager-Welt der SS. Seine Beharrung stützte sich auf Weniges: auf Gesten, auf Blicke – Indizien, die ein Einverständnis andeuteten, einander als Menschen zu erkennen. So, wenn ein vorgesetzter deutscher Zivilist den Häftlingen bei der Fabrikarbeit ein „Langsam" zuraunt oder die Frau eines deutschen Häftlings still und ungebeten ihm, Antelme, ein Brot zusteckt; wenn er, auf dem Marsch nach Dachau, durch zerbombte Städte kommt und verzweifelten Blicken begegnet, in welchen er seine eigene Verzweiflung wiederfindet.

Vor allem aber stützte sich sein Widerstand auf die Sprache. Noch in ihrer gewaltsamsten Pervertierung sprach sie den Verrat derjenigen mit aus, die ihr Gewalt antaten. Und sie ließ dort, wo die Häftlinge die Wachmannschaft auf deutsch, also in deren eigener Sprache, anredeten, auch deren latentes schlechtes Gewissen hervortreten. Indem er die Sprache, im Vertrauen auf den in ihr aufbewahrten universalen Sinn, anrief, vermochte der Verneinte dem gegen ihn ge-

---

[7] Klaus Heinrich: Versuch über die Schwierigkeit nein zu sagen, Basel und Frankfurt/M. 1982, S. 20.

richteten Nein standzuhalten. Dieselbe Universalität ließ Robert Antelme sich sogar des Lagerslangs bedienen. Die Sprache der Niedertracht und Erniedrigung, vom von ihr Gemeinten aufgenommen, wendet er so in ihr Komplementäres: in eine Sprache der Nacktheit, der Kreatur. Er bedient sich der Lagersprache als einer sich selbst entlarvenden Sprache, welche, so sehr sie einerseits den Zwang der Verhältnisse verdoppelt, im Munde dessen, der sie sprechen *muß*, traurig klingt. Seltsam, die Traurigkeit der Getroffenen reflektiert noch die Einsamkeit der Täter.

So sehr die Machthaber für ihre willentlich partikularen, ungerechten Zwecke das universalistische Medium der Sprache mißbrauchten, verstrickten sie sich in eben deren Allgemeingültigkeit, um unfreiwillig die Borniertheit der eigenen Zwecksetzungen zu verraten: ihren Verrat zu verraten. Zwar hatten die SSler die Macht, quälend und mordend die Unteilbarkeit der menschlichen Gattung zu leugnen, doch blieben sie nichtsdestoweniger gezwungen, um sich und ihr Tun zu legitimieren, die Leugnung *auszusprechen*. Damit aber bestätigten sie gerade die Existenz der Geleugneten – und sei es als *zu* Leugnende. „*Du sollst nicht sein*: eine ungeheuere Maschinerie ist auf diesem lächerlichen Idiotenwillen aufgebaut.“[8]

Einfach wie universell, reflektiert das Selbstverständliche des Moralischen die Teilhabe aller Menschen an der einen, einigenden Menschlichkeit. Ohne den Gedanken einer vor-kulturellen Teilhabe an einem Einenden und Einigenden gäbe es nicht einmal die Idee einer Menschlichkeit des Menschen; niemand auch könnte sich einer Unmenschlichkeit schuldig

---

[8] Robert Antelme: Das Menschengeschlecht, München 1987, S. 102.

machen. Damit aber würde der Begriff ‚Mensch' insgesamt sinnleer. ‚Menschlichkeit', außermoralisch-biologistisch genommen, führt sich selbst ad absurdum: Wir würden uns buchstäblich über nichts verständigen können, da es moralisch keinen Adressaten gäbe. Niemals wäre irgendwer irgendwem ein Du, an das man appellieren könnte, Mit-Mensch zu sein, d. h. *mehr* zu sein als das Ich, das ich ohnehin bin. Es muß also ein moralisches Wesen des Menschen angenommen werden, worüber wir uns schon in Einverständnis befinden, bevor wir uns über uns verständigen. Ein Wesen nicht im Sinne einer Bestimmung durch uns als einer Vor-Bestimmtheit unserer selbst, bevor wir nur irgend etwas bestimmen können. Mensch bin ich nicht für mich allein, genauso wenig wie mein Menschsein abhängt von der Anerkenntnis anderer. Noch wenn ich nur für mich bin, bin ich Mensch inmitten anderer Menschen: Längst hat ein Du mich in mir angesprochen, bevor ich mit jemandem leibhaftig spreche. Von daher besteht nicht uranfänglich eine Differenz zwischen Mensch und Mensch, sondern vordem die Teilhabe an einer Identität, die früher und tiefer ist als die Identität eines Ich mit sich selbst.

Wenn wir fragen ‚Was ist ein Mensch?', dann stellen wir die Frage nicht so, daß wir aus biologischen Erkenntnissen irgend ethische Folgerungen ableiten bzw. ebensolche bestreiten könnten, sondern, so fragend, haben wir schon einen Anspruch mitformuliert: menschliche Menschen sein zu sollen, die, bevor sie alles Mögliche betreiben, menschliches Zusammenleben, Frieden, ermöglichen. Diesen Anspruch nicht erfüllen zu wollen – wie auch immer die Antwort auf die Frage ‚Was ist der Mensch?' wissenschaftlich ausfallen würde –, heißt, sich selbst bereits als Mensch verfehlt zu haben.

‚Menschlichkeit' ist ein unverzichtbares Transzendental unserer Selbstvergewisserung. Noch wo wir ein (moralisches) Wesen des Menschen leugnen, vermögen wir nicht, uns von dem Geleugneten freizumachen. Eine Selbstbestimmung des Menschen jenseits einer transzendentalen Menschlichkeit wird bestenfalls metaphorisch bleiben. In dem Augenblick, da menschliche Identität sich nicht mehr aus der Übernahme einer Wesens-Aufgabe heraus begreift, nämlich menschlich zu *sein*, wird sie zur Selbststilisierung im Milieu eines gewollt Nichtmenschlichen: Man nimmt sich vor, *wie* ein Tier, eine Maschine, ein Übermensch zu sein. Identität trennt sich von Integrität; sie wird selbst zur Kategorie eines Wollens, während der Wille zu einem Instrument der Selbst-Vergewaltigung und -Flucht gerät.

Immer dort wirkt Zwang, wo wir unser Leben außerhalb unseres Wesens situieren. So reflektiert auch das Gefühl der Überforderung ein Leiden an etwas, das kraft seiner Abstraktheit herrscht – solange wie wir innerlich in die Unterwerfung einwilligen. Gleichwohl vermag die Unterwerfung nicht zu gelingen; denn wir hören nicht auf, an ihr zu leiden. Das Gefühl der Überforderung ist, wie das der Schuld, ambivalent: Mich überfordert fühlend, will ich mich zugleich nicht überfordert fühlen müssen; ich will nicht *weiterhin* überfordert werden.

3
Nihilistische Indizien

Ich kann mich nicht von Moral überfordert fühlen, ohne zum einen die Falschheit meiner Vorstellungen von Moral, zum anderen die Gestörtheit meiner eigenen Integrität mit preiszugeben. Uns von der Moral überfordert fühlend, müssen wir uns als freie, sich selbst verantwortende Wesen „zuviel" geworden sein: In dem Maße, wie wir uns vor unserer eigenen Freiheit und der mit ihr einhergehenden Verantwortung drücken, legen wir uns, in einem Akt der Projektion, Moral als etwas von außen an uns Herangetragenes, Fremdes, Lebensfeindliches aus.

Wenn das Selbstverständliche als das Unwahrscheinliche, das Idealistische als das Unmögliche erscheint, wenn uns schon das Wort Moral einschüchtert, abstößt oder auch nur lästig wird, dann muß etwas mit uns selbst nicht in Ordnung sein. Wir müssen uns selbst fremd geworden sein, vielleicht, weil wir Dinge machen und Ziele verfolgen, die uns gesellschaftliche Bestätigung und Halt verleihen mögen, uns in uns selbst jedoch unbehaust lassen, ja eine Unruhe hinterlassen, die sich im Maße unserer Angepaßtheit, unseres darüber vermittelten „Erfolgs" nur vermehrt.

Entfremdung, bevor wir sie kulturell dingfest machen können, meint etwas Innerliches, Persönliches. Jetzt, hier, haben wir etwas getan, das in uns von uns abrücken läßt. So intim und subtil sich dies vollzieht, so verfehlt ist es, die sich selber fremd Gewordenen als „Entfremdete“ zu denunzieren. Die Möglichkeit der Fremdwerdung bezeichnet nur die Unwägbarkeit unserer Freiheit. Dies auszuschließen, hieße, uns von unserer Freiheit insgesamt auszuschließen: Wir würden nicht nur nicht der Gefahr entrinnen, uns von uns zu entfremden; unfrei, würden wir nicht einmal ‚Entfremdung‘ denken können. Wir hätten aufgegeben, uns in der Freiheit zu wollen. Kulturkritische Entfremdungs-Theorien paktieren mit dieser Selbstaufgabe; das macht sie zu negativen, invertierten Entwicklungs-Theorien. So sehr sie uns auf unzeitliche Ursprünglichkeit und Eigentlichkeit verpflichten, so wenig sprechen sie uns als freie, mithin moralische Wesen an. Im Gegenteil, sie lassen uns, paradox genug, über uns aus der Haltung der Selbstaufgabe heraus „kritisch“ sprechen.

Setzen verfallsgeschichtliche Entfremdungs-Theorien Sittlichkeit mit (verlorener) Ursprünglichkeit gleich, so sehen progressistische Entwicklungs-Theorien Moralität als schiere Zukunftsgemäßheit an, und sei es, daß Moral in der Zukunft überwunden gehört. Allein, in moralischer Hinsicht können wir weder Späte noch Frühe sein. Kraft unserer Gegenwärtigkeit stehen wir moralisch weder besser noch schlechter als unsere Vorfahren oder Nachkommen da. Vielmehr haben wir als Zeitgenossen einer Gegenwart, die uns selbst dunkel ist, Schwierigkeiten damit, unserer Gegenwärtigkeit mit der transzendentalen Norm einer ‚Menschlichkeit‘ in frei vollzogene, nicht-erzwungene Übereinstimmung zu bringen, kurz: den überzeitlichen Begriff der Menschlichkeit zu verzeitlichen, ihm einen aktuellen, uns Heutigen verständlichen Inhalt zu geben. Denn erst in seiner Aktualisierung erweist sich die Allgemeinheit des Begriffs der Menschlichkeit.

Als Zeitgenossen, die ihre Zeitgenossenschaft reflektieren, die sich Aufschluß über die Spezifik des heute zu Leistenden zu geben versuchen, haben wir uns bereits - unwillkürlich - einer überzeitlichen moralischen Ordnung unterstellt. Anders wären wir nicht Zeitgenossen derselben Gegenwart; anders wäre Menschlichkeit nicht als das gesollte (verratbare) Wesen des Menschen verstehbar, sondern ganz und gar „Menschenbild“, *Fiktion*. In unserem Gewissen haben wir unsere Zeitgenossenschaft in einem Zug verwirklicht und überwunden; innerlich haben wir unsere Gegenwart auf ein Überzeitliches, Allgemeingültiges bezogen, das uns zu allererst für das Besondere, Neue, Unwiederholbare dieses Heute sensibilisiert.

Die Einheit der Gegenwart konstituiert sich als *Sinn-Bezogenheit in Flüchtigkeit*. Sinn hat, in diesem Sinne, einen stets gegenwartsbezogenen, die Fülle der Zeiten konkretisierenden - feststellenden wie auflösenden - Charakter. Sinn realisiert sich gleichsam in Form einer sich immer neu herstellenden Balance: Er spricht mich in meiner eigenen Mitte an bzw. bringt mich, wenn ich denn höre, in diese zurück. Sinn ist nicht jenseits unseres Verlangens nach ihm da. Er verlängert nicht unsere Subjektivität, sondern korrigiert sie - durch und in uns.

Traditionalismus und Konservatismus machen sich schuldig, die transzendentale moralische Ordnung in Überspringung unserer Zeitgenossenschaft, unseres freien Willens und unseres Gewissens orten und formulieren zu wollen - mit der Konsequenz, daß man gegenwärtig vorherrschende Moralvorstellungen für die Moral selbst hält. Nicht minder gefährlich ist ein Progressismus, der, sosehr er uns aus zwangsvermittelten Herrschaftsverhältnissen zu befreien sucht, uns zugleich von dem Bezug auf einen unverfügbaren Begriff kreatürlicher Menschlichkeit zu „befreien“ droht. Indem wir uns von der Heteronomie solchen Bezugs lossagen, verlieren wir den Sinn dafür, woraufhin wir uns überhaupt befreien sollen. Der ‚zwanglose Zwang‘ des Moralischen erinnert uns eben daran, daß unsere Freiheit, unser Leben an einen Ziel-Sinn rückgebunden bleibt, der unserer Freiheit, unserem Leben zu allererst Inhalt gibt: Glückseligkeit in Selbst-Erfüllung.

Entgegen der Lehre des Eudämonismus ist es nicht das Glück, das den Sinn macht, sondern es ist die Sinnerfüllung, die beglückt. Im Glücklich-sein erfahren wir *im* Individuellen Teilhabe am Allgemeinen. Allgemeines existiert nicht auf allgemeine Weise, vielmehr meta-konkret. Sinn gibt es nicht ein für allemal, in der Weise eines Seins hinter dem Werden, sondern als in dieser Welt erfahrbar gewordene und weiterwerdende, sich vervielfältigende Wert-Fülle. Hier, jetzt haben wir Sinn zu ergreifen; zugleich ist Sinn nur als vergänglicher zu haben. „Wer das eigene Leben rückschauend überblickt und sich fragt, worum eigentlich es sich verlohnte, der sieht sich auf kurze Episoden, ja auf einzelne Momente hingewiesen, in denen seine Höhepunkte lagen. Es kann ein Gelingen sein, eine Erfüllung von Ersehntem, es kann auch eine flüchtige Begegnung sein, zeitweiliges Anteilhaben an Bedeutendem und Überragendem, und sei es auch von fern; vielleicht sind es Jahre stolzer Hoffnung, vielleicht ein kurzer Traum von Glück, der seine Nahrung aus einzelnen Stunden wirklicher Erfüllung empfing.“[9]

---

9 Nicolai Hartmann: Sinngebung und Sinnerfüllung. In: Der philosophische Gedanke und seine Geschichte, Stuttgart o. J., S. 169.

Im Maße ihrer Flüchtigkeit ist eine jede Gegenwart von Sinnverlust bedroht. Sinnverlust aber ist nur die negative, schmerzbereitende Seite der Zeitbezogenheit von Sinn. Durch den Schmerz gehend, eignen wir uns neuerlich – kritisch – Sinn an. Auf eben diese Art erfahren politische Übereinkünfte, soziale Bindungen und religiöse Glaubensbekenntnisse inhaltliche Erneuerung. Der Einzelne vermag eine Neuaneignung von Sinn nur zu vollziehen, weil Sinn nicht „feststeht". Was aber, wenn Sinn vollständig der Festigkeit entbehrt, er ganz und gar historischen Charakters ist? Muß ‚Sinn' dann nicht, um – politisch, sozial, religiös – gelten zu können, immer neu (und umso autoritärer!) „definiert" werden? Hieße das nicht, daß alles sinnlos *ist*? Daß wir Sinn nur *wollen* können? Können wir jedoch an das, was wir wollen müssen, damit es überhaupt sei, selber glauben?

Für dieses Problem, in seiner Breite zwischen diagnostiziertem Sinnverlust und offenbarter Sinnlosigkeit, dem Ringen um Sinn und seiner bloßen Setzung, steht der Begriff ‚Nihilismus' ein. Ein Begriff, der ebenso doppeldeutig ist, wie das Phänomen, das er zu fassen sucht, zweierlei Wertigkeit aufweist. Einerseits markiert er den geschichtlichen Normalfall vernunftgeleiteter Infragestellung überlieferten Sinns, andererseits den moralischen Ernstfall definitorischen Mutwillens, der mit Sinn getrieben wird, ist erst einmal seine Realität geleugnet. So, wenn Kategorien wie Wahrheit und Gerechtigkeit, statt mit neuen Erfahrungsinhalten angereichert zu werden, schon in ihrer vorwillentlichen Normativität bestritten werden. Ihre Zuspitzung erfährt solch Mutwillen in der Gewalttat als einer nicht mehr nur gedachten, sondern gelebten Sinnlosigkeit. In dem Sinne stellt Gewalt die nihilistische Vollzugsform par excellence dar – aber auch die innere Grenze gelebter Sinnlosigkeit. So sehr nämlich Gewalt dazu verurteilt bleibt, sich à la longue gegen sich selbst zu wenden, vermag der Nihilismus gar nicht, sich als Lebensform durchzuhalten. Dies lehrt nicht zuletzt der Krieg als Gipfel- und Umschlagspunkt aller Gewalt: Hier wird die Sinnlosigkeit längst schon nicht mehr gelebt, sondern nur mehr gestorben.

Gelebte Sinnlosigkeit hat aber auch ein Alltags- und Friedensgesicht. Carl Friedrich von Weizsäcker hat darauf hingewiesen, daß eine Kultur, deren Mittel durchdachter sind als ihre Zwecke, der inneren Stabilität entbehrt. Analog dazu sah Gabriel Marcel proportional zum technischen Fortschritt die Bereitschaft zu Reflexion und Kontemplation abnehmen. Es ist dieses Mißverhältnis – und nicht etwa die Technik an sich –, bei dem der Kritiker jeweils heutigen Nihilismus' anzusetzen hätte. Er wird dann auch weniger ontologisch als politisch-moralisch argumentieren, weiß er sich doch noch solidarisch mit dem Kritisierten, im Vertrauen, daß das Gefälle zwischen technischer Machbarkeit und moralischer Reflexivität nicht naturgegeben ist, sondern, immer aufs neue, einer gesellschaftlich prämierten Trägheit des Herzens zu entspringen pflegt. Nicht um eine Kritik entfremdeten Lebens geht es, sondern um die Anprangerung eines Lebensstils, der sich von jeder Teilhabe an einem Gemeinsamen, Einigenden entbunden glaubt. Moralisch geleitete Kritik zeitgenössischen Nihilismus' ruft denn auch weniger zu einer „Überwindung" des Nichtigen, zur „Aufhebung" des Entfremdenden auf, als zu einem lebenspraktischen Mehr an Aufmerksamkeit und Reflexion.

Die Schwierigkeit besteht darin, jenen konkreten Punkt auszumachen, wo der geschichtliche Normalfall von Sinnverlust und denkender Neuaneignung von Sinn übergeht in den Ernstfall denkerischer Bestreitung von Sinn bzw. seiner willkürlichen, interessierten Setzung bis hin zur realen Zerstörung von verkörpertem Sinn – von sinnverkörperndem Leben. Seit je unterscheiden Philosophie und Theologie zwischen ‚relativem' und ‚absolutem Nichts'. Das relative Nichts – *nihil privativum* – steht stets in bezug zu einem Etwas, während das absolute Nichts – *nihil negativum* – ein schlechthin Undenkbares vorstellt. Indem es just das Undenkbare zu einer Kategorie des Denkens, das Nichts zu einem begrifflichen Etwas macht, führt sich die Idee eines absoluten Nichts indessen selbst ad absurdum. Eine, so Henri Bergson, „Pseudo-Idee", widerspricht sie doch der alltäglich zu machenden Erfahrung, dergemäß wir mit dem Nichts niemals unmittelbar zu tun haben, sondern es stets nur an Hand sichtbarer Veränderungen von Dingen und Zuständen mitwahrnehmen. Das terroristische Credo einer „Schöpfung durch Vernichtung" bezieht seine Legitimität (und Faszination) aus eben dem Nebel dieser Pseudo-Idee. So weiß etwa der Vernichter revolutionären Typs seinen Vernichtungen einen zukünftigen – und im Maße seiner Zukünftigkeit umso „sinnvolleren" – Sinn beizubringen: Aus der totalen Negation, einer tabula rasa heraus sollen gänzlich neue Wertigkeiten – eine neue Moral, ein neuer Mensch, eine neue Welt – erstehen.

In derselben Spur des absoluten Nichts, kann der Nihilismus-Kritiker, nicht minder nihilistisch, ein apokalyptisches Tableau von Untergang und Vernichtung entwerfen, begleitet von einer moralisierenden Kulturkritik, derzufolge wir, die Adressaten dieser Kritik, uns je schon in einem Zustand des Abgefallenseins vom Echten und Wahren befinden sollen. ‚Nihilismus‘ wird zum Sammelbegriff allgemeinen sittlichen Niedergangs. Von einem exterritorialen Standort aus verwirft der Kulturkritiker die Gegenwart insgesamt als nichtig. Seine Verwerfung ist darauf gerichtet, den Nihilismus in der Zukunft zu überwinden, die Entfremdung aufzuheben – wobei derlei Vorgriff auf Zukünftiges in der Regel eine nostalgische Fixierung auf ein unvordenklich harmonischeres Gestern korreliert.

Nach Maßgabe des als relativ aufgefaßten Nichts, wonach wir, als Gegenwärtige, strukturell der Gefahr von Sinn- und Selbstverlust ausgesetzt sind, bezeichnet ‚nihilistisch‘ eine moderatere Form des Abgefallenseins: eine aus Unachtsamkeit und Willkür, unüberwundenem Egoismus also, hervorgegangene moralische Blindheit. Wer in diesem Sinne die Diagnose ‚Nihilismus‘ stellt, tut dies im Wissen um die dem Menschen grundsätzlich gegebene Fähigkeit zu Einsicht und Umkehr. Danach bedarf es keiner zukünftigen Überwindung des als nihilistisch Bewerteten, sondern, schlichter, seiner gegenwärtigen Vermeidung. Statt einen Zustand allgemeinen Niedergangs anzuprangern, beklagt der Nihilismus-Kritiker hier die Zerstörungen, die eine denkerisch-moralische Ignoranz im Gefolge hat: so, wenn das Denken seine Teilhabe an Natur und Mitmenschlichkeit „vergißt“, um einer Praxis Vorschub zu leisten, welche letztlich zum Ruin unserer naturhaften wie mitmenschlichen Lebensgrundlagen führen muß. In dem Sinne beschreibt ‚Nihilismus‘ auch keine Dekadenz-Situation ominöser Entfremdetheit, sondern ein Verhalten geminderter Sensibilität und Solidarität, deren spirituelle Voraussetzungen sich sehr wohl rekonstruieren lassen – aus dem, was Gabriel Marcel in das Bild von der ‚Selbst-Insularisierung‘ gefaßt hat. „Ich entdecke sie als Versuchung und überwinde sie eben dadurch in dem Augenblick, in dem ich begriffen habe, daß das, was ich das Ich nenne, keine Quelle, sondern ein Verschluß ist. Nie, *niemals* bricht das Licht aus ihm, obwohl es infolge einer schwer zu beseitigenden Täuschung zum Wesen des Ichs gehört, sich für einen Scheinwerfer zu halten, während es nur ein Bildschirm ist. Das Ich ist wesentlich anmaßend, in allen Bedeutungen dieses Wortes besteht seine Natur in der Anmaßung."[10]

Nihilismus in diesem Sinne heißt aktive Lossage von der Teilhabe am menschlichen Gemeinsamen; deren letzte Konsequenz ist die Vernichtung als „schöpferische Tat". Marcel hat die willentliche Aufkündigung der Teilhabe aus dem ‚Geist der Abstraktion' hergeleitet, der das Denken von der Kontemplation entkoppelt, es fanatisiert. Mit Maurice Blondel, einem Bergson-Schüler und bekennend christlichen Denker wie er selbst, hob er das ‚denkende' vom ‚gedachten Denken' ab. Dem denkenden Denken gemäß arbeitet die Reflexion gleichsam zweistufig: Während sie am Anfang trennt und reduziert, führt sie im nächsten Schritt das Getrennte auf einer höheren Stufe wieder zusammen. Marcel spricht von einer „Wiedereroberung", wo sich unsere Seele mit der Wahrheit vereinigt, das erkennende Subjekt sich als mit dem erkannten Objekt verbunden erfährt. Eben hierauf münzte Karl Jaspers seinen Begriff des ‚philosophischen Glaubens', den er jener „Unphilosophie" entgegensetzte, welche, in Gestalt von Philosophie, die Möglichkeit von Philosophie bestreitet – um dann an die Stelle denkerisch bindender Transzendenz eigenmächtige Ersatzformen des Transzendenten, etwa in

---

[10] Gabriel Marcel: Die Erniedrigung des Menschen, Frankfurt/M. 1957, S. 290.

Form von Begriffsum- und -neuschöpfungen, treten zu lassen. Proportional zur Dekonstruktion vermehren sich hier rein zweckgerichtete, technikförmige Begriffe: eine „tote Transzendenz“, die stets dem Bestehenden Vorrang vor dem Geltenden einräumt, während andererseits all das, was über das Tatsächliche hinausgeht, überhaupt jede Veränderung innerhalb der sichtbaren Welt, als unheimlich und bedrohlich empfunden werden muß.

Für Jaspers war der nihilistische Glaube an die Sinnlosigkeit Ausweis einer „dämonologischen Weltanschauung“. Diese tut sich allem voran in einer von Überspannung wie Fühllosigkeit bestimmten ästhetischen Haltung seitens des Einzelnen kund. Die Ästhetik dient hier als Medium einer verkehrten Selbstbehauptung: Die Freiheit des Einzelnen verkürzt sich auf die eines Zuschauers, der sich der Mitverantwortung und des Mithandelns enthoben wähnt. Dergestalt nimmt die Ästhetik kompensatorisch den Part der Ethik ein – mit ruinösen Folgen für Empathie und Urteilskraft. Was nun aber bietet einen Ausweg aus nihilistischer Unphilosophie und verkehrter Selbstbehauptung? Jaspers pointiert: nur der offenbare Nihilismus, insofern diesem nämlich im gleichen Maße auch die Ersatzbildungen der Unphilosophie fragwürdig geworden sind. Sinnlosigkeit hört auf, ein Dogma zu sein, und wird zur (Schmerz-)Erfahrung. So verstanden, bildet der offenbare Nihilismus einen Grundstein für jedes um Redlichkeit bemühte Denken; Verzweiflung am Sinnlosen birgt hier noch Verlangen nach Sinn. Dergestalt ist der offenbare Nihilismus so unwiderlegbar, wie der Glaube unbeweisbar ist. „Wer angesichts der entsetzlichen Sinnlosigkeiten und Ungerechtigkeiten diese nicht in ihrer vollen Realität vergegenwärtigt, sondern in einer fast automatischen

Selbstverständlichkeit über sie hinweg geht durch Reden von Gott, kann uns unwahrhaftiger erscheinen als der Nihilist selber. [...] Grenzenloses Mitleid, Ratlosigkeit im Schweigen, Hoffnungslosigkeit muß uns befallen. Man kann eher fragen: wie ist es möglich, daß wir nicht alle Nihilisten werden? – als daß man den Grund der Erfahrungen, die zum Nihilismus führen können, übersehe."[11]

Hier ist exakt der Übergangspunkt fixiert, wo die Erfahrung von Sinnlosigkeit zu einer Teilhabe-Erfahrung ex negativo gereicht. Sinnlosigkeit zu erfahren und sie zur Lebensform zu machen, schließt sich aus. Unter diesem Blickwinkel erscheint jener allzu eifrige Nihilismus-Verächter kulturkritischen Typs, wenn er zur Wiederkehr zum Glauben aufruft und die Wiederherstellung von Werten einklagt, als jemand, der sich seinerseits gegen Schmerzerfahrung und Mitgefühl per religiöse Dogmatik abgehärtet hat. Komplementär hierzu, auf die Werthaftigkeit einer selbständigen, aufgeklärten Lebensweise bezogen, unterschied Gabriel Marcel zwischen einem Atheismus als Bekenntnis und einem Atheismus als Lebensform. Kommt der Atheismus als Bekenntnis zuweilen einer religiösen Geistigkeit sehr nahe, so erwächst der Atheismus als Lebensform eher aus Erschlaffung und Saturiertheit – einer Gesellschaft, in der die Mittel zum Selbstzweck geworden sind, wo soziale Gleichgültigkeit und moralische Vergeßlichkeit reüssieren.

Es ist, so Marcel, allein die Fähigkeit zur Aufmerksamkeit, welche mir das Maß meiner Freiheit gibt. Meine Freiheit ist an reale Verkörperungen gebunden, wie sich auch die Aufmerksamkeit stets in der er-

---

[11] Karl Jaspers: Der philosophische Glaube, Frankfurt/M. 1958, S. 122.

scheinenden Welt vollzieht. Es muß ihr also darum zu tun sein, die eigene Gegenwart weder positivistisch zu verabsolutieren noch kulturkritisch zu verwerfen, sondern als ein fragiles Gleichgewicht von Entkörperungen und Wiederverkörperungen, des Sinnverlust und der Neuaneignung von Sinn, lesen zu lernen.

Wo dieses Gleichgewicht gestört ist – sei es zu einer Erstarrung, sei es zu einer Auflösung hin –, sind wir versucht, uns innerhalb unserer eigenen Überzeugungen zu verkürzen. Symptom einer solchen Selbst-Entfremdung, stellt die Frage, ob uns die Moral überfordere – mithin die Suggestion, daß sie dies *prinzipiell* tue –, ein Problem dar, das wir mit uns selbst haben, sobald wir uns innerhalb unseres je eigenen Individualismus nicht auf ein allgemeines, einfaches Mensch-sein-Sollen verpflichtet sehen, kurz, ohne unser Leben auf etwas zu beziehen, was über es hinausgeht. Sobald wir aufhören, unser Leben, unsere Person unter dem Gesetz mitmenschlicher und -geschöpflicher Teilhabe stehend zu begreifen, fühlen wir uns zwangsläufig „daneben". So fühlen sich wohl vor allem diejenigen von der Moral überfordert, die von sich selbst zu wenig fordern, weil sie sich in dieser Hinsicht zu wenig zutrauen. Das Sich-überfordert-Fühlen zeigt so ein verhohlenes schlechtes Gewissen an, ein nach außen gespiegeltes Unter-den-eigenen-Möglichkeiten-Bleiben. Folglich bedarf der Einzelne, soll er nicht in seinem Ressentiment gegenüber „der" Moral verharren, einer Ermutigung zu sich selber, zu den in ihm angelegten Möglichkeiten der Selbst-Absolvenz.

Jedoch, wenn wir ganze Menschen, ganz wir selbst zu sein versuchen, erfahren wir unsere Begrenzungen am schmerzlichsten. So kann es ebensogut sein, daß gerade die moralisch Sensiblen, für Menschliches und

Unmenschliches besonders Empfindsamen, gleichsam vor ihrer eigenen Sensibilität erschrecken und versteinern – weil sie sich in ihrer Wahrnehmung allein gelassen fühlen, weil sie schier nirgends eine Bestätigung ihres Wertgefühls erfahren: sie, mit einem Wort, kulturell entmutigt werden durch eine Gesellschaft, die den Werten, die sie institutionell bestimmt, moralisch kaum Gewicht verleiht.

Die modernen Demokratien veräußerlichen moralische Inhalte, indem sie sie politisch aufsaugen und sie dann institutionell repräsentieren. Auf diese Art wird das Moralische verrechtlicht: Wo Streitigkeiten vormals zwischen den Streitenden ausgetragen wurden, wird die Rolle des Dritten zunehmend bedeutsamer, so etwa wenn, bevor auch nur der Versuch gemacht wird, aus eigenen Kräften den Konflikt – Ruhestörung und ähnliches – zu lösen, sofort die Polizei gerufen oder Anzeige erstattet wird. Je fortgeschrittener die Verrechtlichung, desto weniger tritt Moral als sie selbst in Erscheinung. Die republikanische Errungenschaft, daß ein guter Staat nicht davon abhängig sein soll, daß seine Bürger zugleich gute Menschen seien, ist zu Lasten unseres moralischen Selbstbewußtseins gegangen. Als Bürger verlagern wir unser Selbstverständnis allzu leicht von innen nach außen, so daß wir weniger uns selbst als unsere Lebensbedingungen „moralisieren“. Je lückenloser die Moralisierung der Außen-Bedingungen gerät, umso leerer und abhängiger fühlen wir uns selbst, mit der Folge, daß wir unser Inneres ebenso lückenlos dem Außen anzugleichen suchen. Moralität wird zu Schuldigkeit – zu etwas Außenfixiertem, Äußerlichem. Damit aber wird die Differenz von Moral und Politik vollständig eingeebnet. Moral ist restlos politisiert, während die Politik – als institutionelle „Verwirklichung“ von Moral – ihrerseits moralische Weihen erhält; mit dem paradoxen Ergebnis, daß wir nurmehr gute Bürger sind, wenn wir darauf verzichten, auch gute Menschen sein zu wollen. Das wäre aus Sicht der Politik geradezu gefährlich, würde es doch die Loyalität des Bürgers gegenüber dem demokratisch legitimierten Staat mit dem Gebot menschlicher Selbstübereinstimmung konfrontieren, dem wir frei und unvertretbar entsprechen – und sei es zu Ungunsten unserer Loyalität.

So kommt es, daß der politische Begriff von Freiheit den moralischen überlagert; daß, wo demokratische Werte moralistisch verabsolutiert werden, wir unsere innere Freiheit (auch gegenüber diesen Werten) zu vergessen drohen. Freiheit, ausschließlich politisch verstanden, wird nur mehr verwaltet. Von Freien für Freie? Auf der anderen Seite wird die politisch vermittelte Verabsolutierung demokratischer Werte sogleich ökonomisch dementiert. Schöpft doch die demokratieförmige Marktgesellschaft permanent „neue" Werte und verneint damit implizite die Verläßlichkeit von Werten überhaupt. Hat sich unser Innen, politisiert, ans Außen preisgegeben, so verdauen wie unsere Selbstpreisgabe in aufgenötigtem Konsum.

Erstarren machende Gebote politischer Loyalität einerseits und verschlingende ökonomische „Anreize" andererseits schaffen, zusammengenommen, moralische Verwirrung. Was gilt? Die Selbstverpflichtung auf ein verläßlich gelten Sollendes oder unser Konformismus mit warenvermittelten Innovationen? Deren gemeinsames Drittes stellt die gemäßigte Heuchelei eines „Pragmatismus" dar. Wollen wir jedoch nicht pragmatischerweise den Unterschied zwischen unseren inneren Bedürfnissen und äußeren Erfordernissen nivellieren, mit der Folge, daß wir uns über die Erfüllung (bzw. Abwehr) äußerer Forderungen definieren, während darüber hinaus für uns selbst buchstäblich nichts mehr zu wünschen übrig bliebe – wollen wir nicht, daß dieserart pragmatische „Lösungen" unsere moralische Verwirrung noch mehr komplizieren, so muß unser Pragmatismus die Ratlosigkeit, die ihm zugrunde liegt, erinnerlich halten. Insofern stellt die pragmatische Situation ein Double der moralischen dar. Beide Situationen sind gekennzeichnet von der erfahrenen Kluft zwischen Innen und Außen. Mit dem einzigen, entscheidenden Unterschied, daß in der moralischen Situation das Innen, in der pragmatischen das Außen dominiert. Moralisch verwirrt, sind wir besonders anfällig, Moral mit äußeren Forderungen ineins zu setzen, sei es, daß wir ihnen willfahren, um innere Ruhe zu erlangen, sei es, daß wir, auf diffuse Weise „nur" frei sein wollend, gegen sie ressentimental aufbegehren. So oder so wird unser Schuldgefühl nicht geringer, wird „die" Moral beiderseits doch als Agent eines Außen erlebt, das über unser Inneres richtet. Erst die Entdeckung eines zwanglos Selbstverständlichen verschafft uns jenen Perspektivwechsel, mittels dessen sich vor unseren eigenen Augen unsere Verwirrung allmählich entwirrt. In dem Maße, wie uns intersubjektive Normen zwanglos einsichtig werden, beginnen wir auf der anderen Seite autoritäre Weisungen als eigennützige zu durchschauen, Moral von Zwang zu unterscheiden. Im Verlaufe dieses Erwachens kommen wir immer besser in die Lage, dem Druck bzw. Sog eines übermächtigen Außens ein an Erfahrungen des Eigenen erstarktes Innen entgegenzusetzen.

Demokratie ist von sich her auf Selbst-Reflexion angewiesen, soll sie wahrheitshaltig, d.h. mehr als eine Herrschaftsform unter anderen sein. Auf äußerliche Kriterien allein kann sie sich nicht stützen; sie findet ihre Maßstäbe nirgends als in unserer Mündigkeit. Allzu leicht verwechseln wir jedoch Mündigkeit mit gewollter Vorbildlosigkeit. Von da ist es nur ein Schritt zum Nihilismus, in dessen Form die Moderne alle Brücken zu dem, was ihr voraus liegt und – ging, abgebrochen und sich selbst verabsolutiert hat. Damit aber setzen wir unsere Freiheit in ausschließlich verneinender Weise ins Werk. Das moderne, nur sich selbst gehören wollende, autonome Subjekt erweist sich, zu Ende gedacht, als Ideal einer Selbstverneinung in Form eines metaphysischen Geizes: nichts und niemandem mehr etwas verdanken zu wollen. Die Grenze der Moderne ist uns nicht von außen, sondern von innen gesetzt: durch unsere geizentsprungene Einwilligung in einen selbstgemachten Zwang.

4
Der Sinn von Sinn

Unter den Bedingungen einer titanisch wie albernen, wertschaffenden und -vernichtenden Markt- und Konsumgesellschaft kann einem leicht der Sinn für ein Unverfügbares verlorengehen. Noch dort bleibt unser Wille einem Unverfügbaren unterworfen, wo wir autonom unser Leben leben. Der Grund hierfür liegt in unserer Geschöpflichkeit. In keiner Weise verfügen wir ontologisch über die erste Initiative, nicht einmal in bezug auf uns selbst. Wir sind weniger „schöpferisch", als daß wir auf unsere Lebensverhältnisse mehr oder minder phantasievoll antworten. Ebendiesen Antwort-Charakter unseres Daseins bezeichnet, spiegelverkehrt, die Idee eines uns Unverfügbaren; sie bezeichnet einen für unser Leben konstitutiven Abstand zum Absoluten – wie auch unsere Empfänglichkeit dafür: so, wenn wir „von Schöpfungs wegen" unseren Willen von einem Maß begrenzt erfahren, ohne welches unser Wille sich selbst zum Opfer fiele – und wir mit ihm. Die von unserer Geschöpflichkeit her gezogene Grenze, daß nicht wir die Urheber unserer selbst sind, stellt nicht nur den Rahmen unserer Freiheit im Sinne einer ihr von außen gesetzten Grenze dar, vielmehr stellt sie uns erst den Raum für unsere Freiheit bereit. Diesen Raum innerlich ganz zu erschließen, reicht kein menschlicher Wille aus. Ein absoluter, ganz und gar willensgeleiteter Freiheitsbegriff mag im Tribut an die Geschöpflichkeit unsere Freiheit dementiert sehen; in Wirklichkeit jedoch ist der absolute Freiheitsbegriff so unbegrenzt wie leer – ein Dementi seiner selbst.

Damit Freiheit nicht zu Willkür gerät, muß sie in Tugend umgemünzt werden. Diese Erfahrung wird nicht machen, wer Freiheit verabsolutiert. Kann man andererseits diese Erfahrung ernsthaft vermeiden wollen? Ist Tugend schließlich nicht das ‚Äußerste, was einer sein kann'? Unsere Freiheit erfährt sich nicht nur durch Wirklichkeit beschränkt, sondern zu Verwirklichung aufgerufen, an Verwirklichtes gebunden. In diesem Sinne ist Freiheit etwas Reales. Im gleichen Maße, in dem der moderne, von der Idee unserer Geschöpflichkeit losgelöste Freiheitsbegriff sich absolut nimmt, ist er seines Wirklichseins (seiner Spezifik und Richtung) beraubt. So kommt es, daß im Namen der Freiheit Herrschaft, Erniedrigung und Terror ausgeübt werden kann. Mehr noch, der absolute Freiheitsbegriff steht nicht einmal im Widerspruch zu seinen möglichen Pervertierungen, denn er selbst anerkennt ja keine Instanz, die bestimmte, eben perverse Möglichkeiten der Freiheit auch nur gedanklich verwerfen könnte.

Das unserem Willen unverfügbar Bleibende bezeichnet das transzendentale Maß unserer Menschlichkeit: die Grenzen unserer selbst nach Maßgabe des Gesetzes der Teilhabe. Nach unserem Selbstbild als Moderne bestimmen wir nicht nur unseren eigenen Weg, sondern begreifen die Wirklichkeit im ganzen auf unsere Selbstbestimmung hin. Wirklichkeit wird, wo sie nicht schlicht zum Widersacher unserer Autonomie dämonisiert wird, die Rolle zuerkannt, das Rohmaterial für unsere Selbsterschaffung bereitzustellen. So die „aufgeklärte" Sicht auf die Wirklichkeit. Deren andere Seite stellt jene Naturvergottung dar, wie sie in den romantischen Gegen-Bewegungen innerhalb der Moderne zum Tragen gekommen ist. Sie läßt uns die Ohnmachtsseite unserer Selbstherrlichkeit auskosten: in Form etwa einer Kunst-Religion, wo sich das Subjekt, in der ästhetischen Erfahrung, ganz an das Andere seiner selbst – der Natur – überantwortet und von dieser Überantwortung sich Erlösung von seinem Subjektsein verspricht.

So oder so haben wir Kategorien der Selbstkritik und -korrektur verloren, vermittels deren wir innerhalb unserer selbst Abstand zu uns selbst gewönnen. Die Vernunft sichert uns diese Kategorien, indem sie uns zugänglich bleiben läßt für das Andere unserer selbst – Wirklichkeit –, ohne das wir an uns selbst vereinsamten. Indem uns die Vernunft für Wirklichkeit offenhält, baut sie der komplementären Gefahr vor, daß wir das Lager wechseln, uns mit Haut und Haaren dem verschreiben, was uns unendlich (ontologisch) überlegen ist.

Vernunft ist mehr als ihr Gebrauch: ein potentiell unendliches Vernehmen – auch in bezug auf uns selbst. Im Gebrauch der Vernunft erhalten wir uns die Freiheit, den eigenen Vorhaben und Rechtfertigungen gegenüber frei zu bleiben; anders gerieten wir in die Falle unserer Interessiertheit. So fühlen wir uns beispielsweise überfordert, sobald von uns irgend etwas, das nicht schon Erfolg verspricht, verlangt wird, ja, wo überhaupt Erfolg als Prinzip in Frage steht. Erfolg, als Prinzip verstanden, setzt eine von uns gewünschte Widerstandslosigkeit der Wirklichkeit gegenüber unseren Projekten voraus, die wir in letzter Hinsicht gar nicht wünschen können. Denn die Widerstandslosigkeit läßt uns selbst nur erfahrungsärmer werden. Die Widerständigkeit des Wirklichen bewahrt uns vor unserem eigenen Wahn. Wahn ist Selbstbegegnung ohne Wirklichkeit: unbegrenzte, selbstversunkene, in sich versinkende Innerlichkeit an eben der Stelle, wo Wirklichkeit uns über uns hätte belehren können. Das reine Erfolgs-Prinzip meint denn auch ein Durchsetzungs-Prinzip, das uns über die Durchsetzung unseres Willens das vergessen macht, gegen *was* ich meinen Willen durchgesetzt habe.

Kann ich dort, wo ich den Erfolg gesucht habe, auch bleiben? Oder muß ich, süchtig nach Erfolg, unendlich weitersuchen nach etwas, das mich der Erfahrung von Wirklichkeit nur um so mehr entfremdet? Auch hier spiegelt eine uns vermeintlich überfordernde Moral uns nur unser eigenes schlechtes Gewissen zurück: uns, die wir irgendein Gut – Geld, Macht, Spaß – mit dem Guten selbst verwechselt haben und, zur eigenen Beruhigung, an die Verwechslung nicht erinnert werden möchten. Oft bedarf es eines einschneidenden, unseren Narzißmus kränkenden, unsere Interessiertheit durchkreuzenden Ereignisses, damit wir unsere Wertvorstellungen überdenken – weil wir uns selber anders nicht länger ertragen würden: Wir beginnen, nach dem Guten hinter einem – verlorengegangenen – Gut zu fragen, und uns, über alle Güter hinaus, nach dem Guten selbst zu sehnen.

Noch als mündige, um Autonomie bemühte, alles „neu“ machende Moderne kommen wir also nicht umhin, unser eigenes Leben in Hinblick auf einen End-Zweck zu begreifen, den wir nicht selbst schon gesetzt haben. Wir kommen nicht umhin, uns teleologisch zu begreifen: unterwegs auf eine Erfüllung hin, für die die Verfolgung unserer eigenen, selbstgesteckten Ziele buchstäblich nur ein Mittel ist – für die *wir*, gewissermaßen, nur ein Mittel sind. Unsere selbstgesteckten Zwecke sind Etappenziele auf unserem Weg zu einem Glück, das wir verfolgen, das jedoch mehr als nur unsere Wünsche erfüllt. Wir erfahren unser eigenes Mensch-sein, allem erfahrenen Unglück zum Trotz, an und in der Wirklichkeit realisiert. Hierin liegt der Unterschied zwischen verfolgtem und erfahrenem Glück, Erfolg und Verwirklichung. Unseren eigenen, selbstgewählten Weg gehend, scheint alles möglich: nicht so sehr in dem Sinne, daß möglich sei, was vorstellbar ist, sondern daß wir jenseits unseres vorgestellten Glücks noch etwas erwarten können, das gleichsam nur auf uns wartet. Erst, daß wir die Erfüllung unserer Sehnsüchte letztlich nicht uns selbst verdanken, macht Glückseligkeit aus. An unserem Ziel angekommen, werden wir, bildlich gesprochen, von ihr in Empfang genommen, d.h. in die Welt der von ihr erschlossenen Möglichkeiten aufgenommen.

Teleologisch denkend, machen wir in den Vorgängen der Natur, mithin in unserem Streben und Handeln, eine mitgegebene Ziel- und Sinngerichtetheit aus. Diese Sinn- und Zielgerichtetheit stand noch dem antiken Verfertiger künstlicher Gegenstände vor Augen, wenn er seinen Produkten einen Zweck mitgab. Daß der Zweck gesetzt, also nicht schon von der Natur vor-gegeben ist, unterscheidet zwar den hergestellten Gegenstand vom natürlichen Ding; noch in ihrer Zwecksetzung durch uns sind die hergestellten Dinge jedoch, nach aristotelischem Verständnis, in Analogie zur Natur verfertigt, bleibt die künstliche (erzwungene) Bewegung stets auf die natürliche (zwanglose) als ihr Ideal bezogen. Die Moderne ersetzt den Parallelismus von natürlicher und erzwungener Bewegung durch ihr Modell einer allgemeinen Mechanik, die eher an planetarischen Konstellationen orientiert als an der Idee glückenden Lebens in der

Gemeinschaft der Polis ist. Die errechenbaren Gesetzmäßigkeiten, welche daraus gewonnen werden, ermöglichen dem Erkennenden, sogleich ins Ganze einzugreifen und, über gezielte Manipulationen, praktischen Nutzen daraus zu ziehen.

All dies bringt zweifellos einen sachlichen Erkenntniszuwachs gegenüber dem teleologischen Denken, um den Preis allerdings, daß das Erkannte eben nur sachlich erkannt ist: Wir selbst bleiben gewissermaßen aus dem Erkannten ausgeschlossen. Dies hat zur Folge, daß wir uns immer weniger im Außen wiederfinden, ja, uns vermittels unserer eigenen instrumentellen Errungenschaften selbst immer fremder werden. Ein Bruch innerhalb unserer Selbstwahrnehmung, den Hannah Arendt in dem entfremdenden Blick vorgezeichnet sah, den Galilei durch sein Teleskop warf: Von nun an sollten die menschlichen Sinne ihre naturgemäße Entsprechung zur äußeren Welt, zu deren universalen Wahrheiten und kosmischen Gesetzen, einbüßen und der Mensch selber mit fremdem Blick, „mit den Augen des Universums", auf sich und alles Irdische schauen. Eine Drehung des Blicks, die fortan jenes tiefe Mißtrauen gegen die eigenen Sinne aufkommen lassen wird, das bis heute die Karriere der positiven Wissenschaften begleitet. Wobei das Bestürzende an dieser Veränderung weniger darin besteht, daß die Natur ihren Anschauungscharakter als vielmehr jede Plausibilität verloren haben wird für einen buchstäblich von allen Sinnen verlassenen Verstand – ein Verlust, der, indem er uns von unseren eigenen Wahrnehmungen entfremdet, uns zugleich des dazugehörigen intelligiblen Wissens beraubt, das für unsere ethisch-noetische Orientierung in der Welt unabdingbar ist. „Ich öffne die Augen und erblicke das Licht, ich lausche und höre den Ton, ich bewege meinen Körper und berühre die Dinge der Welt. Bezweifelt man die grundsätzliche Wahrhaftigkeit und Zuverlässigkeit dieses Bezugs – der natürlich Irrtümer und Illusionen nicht ausschließt, sondern im Gegenteil die Voraussetzung ihrer Korrigierbarkeit ist –, dann verlieren alle traditionellen Metaphern für das menschliche Erfassen übersinnlicher Wahrheiten ihren Sinn; wenn unsere Augen uns täuschen, dann haben wir auch den Sinn verloren, mit dem wir den platonischen ‚Himmel der Ideen' wahrnehmen, und wenn wir uns auf unsere Ohren nicht mehr verlassen können, können wir auch nicht mehr die Stimme des Gewissens vernehmen, die in unserem Herzen spricht."[12]

Im selben Maße, wie die Welt zunehmend nur objekthaft wahrgenommen werden wird, beginnt das Denken, seinerseits den Rückzug aufs reine Bewußtsein anzutreten. Zum instrumentalen Objektivismus gesellt sich ein weltloser Subjektivismus, dem nichts mehr selbständig gegeben sein will und der den Zweifel weniger als Haltung individueller Selbstbewahrung denn als Methode zur Erlangung subjektiver Gewißheit entdecken wird – die cartesianische Sandbank des ‚Ich denke, also bin ich' als subjektivistisches Pendant zur leviathanischen Souveränität des Thomas Hobbes.

Was, als Paradigma, von der Moderne methodisch-operationell hinter sich gelassen wurde, hat dennoch im Hinblick auf unser Selbstverständnis als Glück- und Heilsuchende noch Bestand. So auch die Teleologie: Mag sie, sachlich gesehen, als naiv gelten, so hat sich ihre Naivität, ex negativo, realistischer als jed-

---

[12] Hannah Arendt: Zwischen Vergangenheit und Zukunft, München 1994, S. 67.

weder Positivismus erwiesen. Denn alle Versuche, den Menschen szientifisch-positivistisch zu begreifen, sind dazu verurteilt gewesen, sich in ihren Konsequenzen selbst zu widerlegen.

Iwan Turgenjew hat in seinem Roman „Väter und Söhne" den Prototyp eines solchen Positivisten und Szientisten gezeichnet: Basarow, Arzt und Revolutionär, erkennt keinerlei Autorität, keinerlei Vor-Bild an; mit Verve zerstört er jedweden Sinn, wie ihn unser alltäglich-metaphorisches, eben teleologisches Denken unbedacht voraussetzt, etwa wenn wir Verhaltensweisen von Tieren, das Aussehen von Pflanzen anthropomorph beschreiben, kurz, die äußere Welt mit uns ähnlich machen, dergestalt, daß Sinn für uns gleichsam herausspringt. Unser Ansinnen entspringt der Sehnsucht, uns mit dem Leben ringsum zu verbünden, uns innerhalb seiner nicht allein fühlen zu müssen. Diese Hoffnung macht den ‚Sinn von Sinn' aus; für den Positivisten und Szientisten ist genau dies Verrat an der Wahrheit. Dort, wo der Positivist zu sachlich unwiderlegbaren Ergebnissen kommt, hat er in objektiver Hinsicht recht; nur versäumt er, über alle Sachlichkeit hinaus das Erkannte rückzubeziehen auf den Erkennenden, es sozusagen ein zweites Mal zu erkennen: es wiederzuerkennen als ein in spezifischer – in der „Objektivität" noch nicht mitgesagter – Weise mit unserer Lebenswirklichkeit Verbundenes. Wo wir uns teleologisch – in Hinblick auf das Gelingen unseres Lebens – Fremderkanntes anzueignen suchen, passiert im Fall des Positivisten das genau Umgekehrte: Menschliches wird seinerseits versachlicht und im Maße seiner Fremdwerdung erst „wahr". Wo der Teleologe das Tier, um es zu verstehen, naiverweise anthropomorphisiert, wird der Positivist und Szientist den Menschen animalisieren: Basarow schneidet vor den Augen von Kindern, Frösche zwecks human-medizinischer, also uns selbst dienlicher Anschauung auf, um sogleich den Umkehrschluß zu tun, wir Menschen seien ebensolche Frösche. So unwissend die Kinder sind, so genau spüren sie das Unziemliche dieser Analogie. („‚Wasja, hör einmal, der Herr sagt, wir seien Frösche.'")

Basarow sieht alles „vom Standpunkt der Kritik" aus. Sein Handeln ist ganz und gar von Fragen der Nützlichkeit bestimmt; was nützlich sei, wird gleichwohl von ihm „definiert". Es wird als solches *bewertet*, ohne daß der Wert selbst (als ein Sein) durch die Wertung (als einen Akt) hindurchscheinen würde. Das heißt, worauf es ankommt, ist allein Basarows Wille zum Nützlichen – als Reflex seines Ressentiments gegen alles „Unnütze", „Romantische". Nicht ein Wert wird gewollt, sondern der Wille zu einem Wert. Moralische Entscheidungen werden denn auch, dieser Logik gemäß, einzig von den Lustgefühlen, die sie beim Handelnden hervorzurufen imstande sind, veranlaßt. Dem Voluntaristen (Positivisten *plus* Revolutionär) wird Stimulans zum ganzen „Glück". Allein, im Augenblick wirklicher, konkreter Glücksverheißung wird Basarow die Trostlosigkeit – die Unangemessenheit – seiner eigenen Vorstellungen zu spüren bekommen. „Sobald er an sie dachte, wallte sein Blut; mit seinem Blut wäre er leicht fertig geworden, aber er empfand noch etwas anderes, was er nie zugegeben, etwas, worüber er sich stets lustig gemacht hatte und was seinen Stolz empörte. In seinen Unterhaltungen mit Frau Odinzowa legte er stärker als je seine Verachtung und Geringschätzung für jede Art von Romantik an den Tag, und wenn er mit sich allein war, erkannte er mit finsterm Unmut, daß sich die Romantik seiner selbst bemächtigt hatte. Er floh in die Wälder, durchlief sie im Sturmschritt, brach die Zweige, die ihm in den Weg kamen, und murmelte Verwünschungen über sich und über sie; ein andermal legte er sich in einen Heuschober, schloß die Augen mit Gewalt und versuchte, sich zum Schlafen zu zwingen, was ihm natürlich nicht immer gelang. Er durfte sich nur vorstellen, daß diese keuschen Arme eines Tages seinen Hals umschlingen, diese stolzen Lippen seine Küsse erwidern, diese intelligenten Augen mit Zärtlichkeit, ja, mit Zärtlichkeit auf den seinen ruhen würden ... so fühlte er sich vom Schwindel ergriffen, und er vergaß sich einen Augenblick, bis der Unmut von neuem in seinem ganzen Wesen ausbrach."[13]

Robert Spaemann und Reinhard Löw haben teleologisches Denken als Anstrengung beschrieben, denkenderweise immer neu Vertrautheit mit der Welt herzustellen. Wenn wir ,warum?' fragen, setzen wir einerseits die Vertrauenswürdigkeit einer Welt voraus, in der es potentiellerweise befriedigende Antworten auf Fragen gibt; andererseits setzt die Tatsache der Warum-Frage die zeitweilige Gestörtheit unserer Vertrauensbeziehung voraus. ,Verstehen' wird verstanden als Nicht-mehr-weiterfragen-Müssen, eben weil Vertrautheit wieder-hergestellt worden ist. Damit situiert sich das teleologische Denken zwischen sachlicher Fremdheit und subjektiver Gewißheit.

Es scheint, als ob die Modernen die Frage nach dem Sinn verdrängten, um einer umso defaitistischeren „Objektivität" zu huldigen. Sie glauben sich des Sinnes als einer metaphysischen Naivität entledigen zu können, um dieselbe Naivität, an Objektivität und Defaitismus müde geworden, durch den Willen zum

---

[13] Iwan Turgenjew: Väter und Söhne, Leipzig 1958, S. 143.

Sinn zu kompensieren. Welchen Sinn jedoch macht ein Sinn, der gewollt werden muß? Ist der Wille zum Sinn etwa selbst der Sinn? Wir kommen nicht umhin, wenn wir nach Sinn verlangen, sein Apriori vorauszusetzen: daß Sinn, als Kategorie, von sich her auf Sinn-Volles verweist.

Eine Moderne, die sich einerseits politisch-demokratisch legitimiert, während sie auf der anderen Seite die Gültigkeit einer Teleologie des Politischen – das gute Leben der Einzelnen und damit des Gemeinwesens zu realisieren – leugnet, eine solche Moderne überantwortet sich der Unversöhntheit von Innen und Außen: Die Menschen erkennen sich in eben der Ordnung, die sie sich, wie es heißt, in Freiheit gegeben haben, nicht wieder. Sie erfahren sie nicht als politische Form eines moralischen Inhalts (Freiheit, Gleichheit, Brüderlichkeit), sondern nur mehr funktional, als selbstreferentiell-mysteriöses „System". „Der Staat existiert letztlich nur, um das normale Glück des Menschen in diesem Leben zu fördern und zu schützen. Ein Ehepaar, das plaudernd am Kamin sitzt, die beiden Freunde, die im Wirtshaus Freude an einem Spielchen haben, ein Mann, der in seinem Zimmer ein Buch liest oder seinen Garten umgräbt, dafür ist der Staat da. Und solange nicht alle Gesetze, Parlamente, Armeen, Gerichtshöfe, Polizeikräfte, Wirtschaftssysteme usw. dazu beitragen, solche Momente zu vermehren, zu verlängern und zu schützen, sind sie bloße Zeitverschwendung."[14]

In dem Maße, wie sich die Moderne vom Sinn-Prinzip einer teleologisch vor-verstandenen Wirklichkeit losgesagt hat, macht sie alles „neu". An die Stelle der

[14] Clive Staples Lewis: Pardon, ich bin Christ (Mere Christianity), Basel und Gießen 1992, S. 176.

Unverfügbarkeit einer Ordnung des Moralischen als eines von vornherein Selbstverständlichen treten innerweltliche, dynamische Determinanten. ‚Natur' und ‚Geschichte' werden zu ersten Ordnungen. Diese jedoch haben keinerlei im Sinne der Menschlichkeit ordnende Kraft: Innerweltlich determiniert und in sich unfest, sind sie eher treibenden als tragenden Charakters. Als Ordnungen des Werdens und Gewordenseins stellen sie notwendig Ordnungen sich selbst verabsolutierender und darin sich verlierender Gegenwarten dar.

Es scheint, als ob proportional zu äußerer Stabilität und Wohlleben unsere innere Person verstummte, als ob eine demokratisch verfaßte, auf dem Ideal der Zustimmungsfähigkeit gegründete Gesellschaft allzu leicht – im Maße ihres nur funktional gedeuteten Erfolgs – vergessen machte, wie sehr die Allgemeingültigkeit ihrer Regeln und Institutionen noch unserer Innerlichkeit geschuldet ist. Dieser Schuld müssen wir gerecht werden, wollen wir jenem Verstummen entgegenwirken. Nur aus der Wiedererkennbarkeit eines Innen im Außen heraus ist Sinnlosigkeit – politisch – überwindbar. Es geht darum, aus einem Verständnis richtigen Lebens heraus sogleich dessen Ordnung normativ zu rekonstruieren, sie nachvollziehbar zu halten sowie, politisch, in den offenen Prozeß demokratischer Selbstkonstitution zu integrieren. Ein bloß traditionalistisches Ordo-Denken ist dagegen in der Gefahr, die metaphysisch verbürgte Freiheit der Person politisch folgenlos bleiben zu lassen. Mehr noch, indem der Traditionalismus, in Form politischen Konservatismus, den Begriff der Ordnung mit der *herrschenden* Ordnung identifiziert, kompromittiert er den Begriff der Ordnung insgesamt.

Ehe Moral sich an unseren guten Willen wendet, spricht sie unseren freien Willen an. Bevor sie uns Gutes wollen läßt, schärft sie unser Gespür dafür, daß wir uns, frei, schon im Medium des Guten aufhalten. Denn der Wille ist nicht gut, weil er das Gute will, sondern weil er je schon an der Gutheit des Guten – seiner Transzendenz – teilhat.

Wir sind nicht zur Freiheit verurteilt. Unsere Freiheit ist, wie Emmanuel Levinas sagt, ihrerseits eingesetzt *als* Freiheit: von einem Guten, das mich erwählt hat, noch bevor ich es selbst wählen konnte. Levinas begreift die Geschichte des europäischen Denkens mithin als Prozeß der Selbstvergessenheit unserer Freiheit. Ist die europäische Moderne befeuert von dem Glauben an die freie Selbstbestimmung des Einzelnen, so scheint ihr die Freiheit ihrerseits keiner Rechtfertigung mehr zu bedürfen. Genau hierin liegt der Willkürcharakter der Freiheit beschlossen: Wo ich sie unbedingt nehme, schaffe ich sogleich eine Welt von Hindernissen mit, Hindernisse, die ich in der Folge zu überwinden, zu integrieren oder sonstwie aus der Welt zu schaffen aufgerufen bin. Hindernis par excellence ist der Andere. Levinas nun kehrt die Perspektive auf den Anderen um: Angesichts des Anderen empfinde ich weniger meine Freiheit begrenzt, als sich mir ihre Ungerechtigkeit offenbart. Die Freiheit empfindet Scham ob ihrer Willkür – womit sie sich zugleich der Ordnung des Guten öffnet, die dem Sein – meinem ‚interessierten Dasein' – vorausliegt.[15]

Nur auf dem Hintergrund eines solchen vorausliegenden, metaphysischen Guten ist überhaupt erst

[15] Vgl. Emmanuel Levinas: Die Spur des Anderen, Freiburg 1992, S. 188ff.

ein guter Wille denkbar. So verstanden, will der gute Wille das Gute als das ihm Vorausliegende, ihn Ermöglichende in freier Wahl noch einmal. Moralismus dagegen entfremdet uns von dem uns Tragenden, indem er – voluntaristisch – die Freiheit vom Guten entkoppelt bzw. – ontologisch – das Gute jenseits der Freiheit ortet. Weil für den Moralismus das Moralische nicht selbstverständlich ist, muß die Moral *durchgesetzt* werden.

Platon unterscheidet zwischen zweierlei Sicherheit: der Sicherheit, die wir im Kreise von Freunden erfahren, und derjenigen eines Herrschers, der über alle Instrumente der Beherrschung verfügt – nur, daß er fortan niemandem mehr vertrauen darf. Genausowenig kann die Welt wissenschaftlich beherrscht werden. Natürliche Prozesse sind von sich her nicht nach Art eines Herrschaftswissens zu fassen. Als Erkennende müssen wir uns vielmehr im Erkannten potentiell wiedererkennen können, wollen wir nicht auf dem Wege des Erkennens den Sinn von Erkennen – daß wir uns mit dem Erkannten verbinden – vergessen.

Ob die Regierten ihrerseits teleologisch, als innengesteuerte Wesen, die von sich her auf etwas aus sind, verstanden werden, entscheidet über die Wahrheitshaltigkeit einer Regierungsform, über die Frage glükkender und mißratender Politik überhaupt. Nur so können wir Menschen als freien Wesen gerecht werden. „Wenn die natürlichen Bewegungen nicht als gerichtet interpretiert werden, dann gibt es auch keinen Maßstab, an welchem die Handlungen gemessen werden können. Das höchste Recht ist das der kunstlosen Natur, und das ist das mechanische Recht des Stärkeren.“[16] Die gerichtete Bewegung reflexionsfähiger

[16] Robert Spaemann und Reinhard Löw: Die Frage Wozu?, München 1985, S. 33.

Lebewesen ist in politischer Hinsicht nur zu wahren, wenn Innerlichkeit als deren Movens vorausgesetzt wird; eine Innerlichkeit, die jedweder Herrschaft (sogar des eigenen Ich) unzugänglich bleibt; eines Movens, der sein Mandat zur Glückserfüllung aus der Kindheit und Jugend oder auch von weiter her, von vorangegangenen Generationen, von unabgegoltenen historischen Glücks- und Heilsversprechungen, hat. Ziel aller so verstandenen Bewegung ist das Gute in Form seiner Antizipation. Antizipiert, „zieht" uns das Gute schon.

Unter Bedingungen der Moderne heißt teleologisch zu denken, noch die ateleologisch-positivistisch operierenden Wissenschaften reflektorisch in jenen Lebenszusammenhang zurückzubringen, in dem sie sich ohnehin befinden (Wissenschaft, auch positivistische, wird von Menschen für Menschen betrieben). Teleologisch zu denken heißt, die direkten Wege reiner, ergebnisorientierter Methodiken zurückzukrümmen in das Gesamt unseres Lebens und Erlebens: unserer Nöte und Bedürfnisse, aber auch, über alle Nöte und Bedürfnisse hinaus, unserer Sehnsüchte nach einem glückenden, heilen Leben. Indem wir eine an sich ateleologische Moderne für uns selbst teleologisch deuten, sie auf einen nicht schon in ihr selbst ausgesprochenen End-Zweck beziehen, würde die Moderne zu allererst einen über ihr Selbstbild hinausweisenden, transzendenten Sinn erhalten. ‚Aufklärung', ‚Emanzipation', ‚Wissenschaft', ‚Technik', ‚Menschenrechte' würden wir uns weniger, defaitistisch-selbstgefällig, als Indizien unserer Souveränität auslegen, sondern vielmehr begreifen lernen als „Entfaltung einer nicht durch sie selbst gesetzten anfänglichen Wahrheit über den Menschen"[17].

[17] Robert Spaemann: Philosophische Essays (Einleitung), Stuttgart 1983, S. 14.

Jedoch, was diese anfängliche Wahrheit sei, können wir nicht begreifen wollen, ohne schon, von ihr getragen, auf ihren Erweis hin unterwegs zu sein.

5
Metaethik – „Werteverfall"

Das Moralische als das Selbstverständliche verbürgt unsere eigene Integrität. Hört das Moralische auf, als selbstverständlich zu gelten, zeigt sich unser Selbst-Verständnis als gestört. Diskussionen über Moral sind insofern verdächtig, als sie eine meta-moralische Perspektive voraussetzen, die ihrerseits moralisch problematisch ist. Der Blick *auf* die Moral ist eins mit der Bestreitung des Moralischen als eines Selbstverständlichen, von sich her Verständlichen. Erst indem wir uns von der Vor-Verständlichkeit des Moralischen lossagen, gewinnen wir die nötige theoretische Ellenbogenfreiheit, um über Moral im ganzen zu diskutieren: Wir tun so, als ob wir in Fragen der Moral souverän – der moralischen Frage überlegen – wären.

Wenn wir über Moral diskutieren, vermögen wir nicht, auf gleicher Höhe mit den moralischen Bedingungen unserer Diskussion zu sein. Buchstäblich reden die über Moral Diskutierenden an sich selbst als moralische Wesen vorbei. Wir befinden uns auf keiner Tabula rasa, die nach normativen Setzungen verlangte, sondern im Kraftfeld einer Endlichkeit, die uns überdeterminiert. Wir können einzig auf die Erfahrung der Überdetermination „antworten", indem wir unser Leben in die Hand nehmen, um uns als ein Selbst zu absolvieren. In diesem Sinne tragen wir, die wir nicht über die erste Initiative verfügen, als Freie für uns selbst Verantwortung. Das moralische Bewußtsein ist mithin weniger schöpferischer als dialogischer Natur. Es vertieft unser Verständnis für unser eigenes In-der-Welt-Sein, unsere Weise, als Personen zu existieren. Sie krönt uns nicht erst zu diesen, sondern nimmt uns als die, die wir sind, in die Pflicht.

Wenn wir über moralische Fragen diskutieren, müssen wir vernünftigerweise das Moralische als präexistent – vor unserer Diskussion existierend – voraussetzen. Analog dazu setzen wir vor allem Einverständnis und Nichteinverständnis über moralische Geltungen das Selbstverständliche des Moralischen voraus. Anders wären Ein- und Nichteinverständnis gleichermaßen unqualifiziert: zwei Varianten desselben Sophismus, derselben definitorischen Beliebigkeit. Nur von der Unhintergehbarkeit eines vor allem Verstehen Verständlichen her bekommen Konsens und Dissens, übers Theoretische hinaus, bindende Bedeutung für unser persönliches Leben. Nur daraufhin auch läßt sich Dissens überwinden, Konsens überprüfen.

Weil im Bereich des Moralischen letztlich zwischen Ich und Du, Sender und Adressat nicht unterschieden werden kann, da hier, gemäß dem Gesetz der Teilhabe, je schon Gegenseitigkeit herrscht, ist es von moralischem Belang, ob ein Diskurs über Moral moralisch er- oder entmutigt, ob er wohlwollend aufschließender oder autoritär abschließender Art ist. Hier kann und darf niemand niemandem prinzipiell überlegen sein. Von daher kann niemand ein Spezialist für Ethik sein, genauso wenig wie jemand sich nicht für Ethik interessieren kann.

Ethik ist nicht in jenem Sinne theorietauglich, demgemäß sie ein Gegenstandsfeld neben anderen darstellt. Eine Theorie der Moral benötigen wir nur insoweit, wie wir uns über uns selbst verständigen müssen. Als Selbstverständliches, aus sich heraus Verständliches, woraus wir selbst uns erst verstehen, kann das Moralische unserer alltäglichen Erfahrungswelt nie ganz äußerlich sein. Die Alltagswelt von Personen ist von sich aus eine moralische Welt, so kritikwürdig, ja unmoralisch sie uns bisweilen erscheint: Selbst wenn wir Perversionen anprangern, tun wir dies auf der Grundlage dessen, *was* pervertiert worden ist. Nolens volens bestätigt eine jede moralische Kritik – auch Kritik an „der" Moral – die Präexistenz des Moralischen selbst. Noch durch dessen vollständige Verkehrung hindurch vernehmen wir das Moralische in seiner Selbstverständlichkeit; bzw. eine solche vollständige Verkehrung ist gar nicht möglich, kommt doch die Leugnung des Moralischen nicht ohne das geleugnete Moralische aus, an dessen Stelle sie sich zu setzen sucht. Der Leugnende muß sich dem Geleugneten ähnlich machen, sein Doppelgänger werden, um seine Leugnung irgend glaubhaft zu machen. Er muß z.B. Worte machen, die wir prinzipiell verstehen können müssen – die auf ein von sich und von jeher Verständliches referieren müssen, um verständlich zu sein.

Wir alle sind also, bewußt oder nicht, moralische Hermeneutiker der Alltagswelt. Wir sind dies schon aufgrund der Unaufhebbarkeit des Anspruchs an uns, jene moralischen Wesen, die wir vermöge unseres Person-seins idealiter sind, realiter zu sein. Der von sich aus moralische Charakter der Alltagswelt ist ein Reflex davon, daß wir unser eigenes Innen im Außen wiederfinden, und das, was uns erscheint, auch verstehen wollen. In diesem Sinne bindet uns unsere Unzufriedenheit mit den uns umgebenden Moralvorstellungen noch an diese: Um eine Moral als falsche entlarven zu können, müssen wir sie bei ihren eigenen

Imperativen packen. Erst indem wir die gängige Moral an ihrem Anspruch, dem Gesetz universeller Teilhabe zu genügen, messen, können wir sie als reduziert und pervertiert erkennen, um sie dann, Punkt für Punkt, als borniert und heuchlerisch zu distanzieren.

Moralische Wahrnehmung schult sich, ex negativo, am erfahrenen Ungenügen existierender Moralvorstellungen. Teilhabe an Wahrheit gibt es für uns nicht außerhalb ihres noch so verzerrten Erscheinens. Von daher auch gibt es keinen letzten, „objektiven" moralischen Standpunkt über allen Standpunkten. Dieser wäre nicht nur ein unhistorischer, sondern überhaupt ein meta-ethischer Standpunkt: der zeitentbundene Standpunkt eines gegenwartslosen Zuschauers – eines Zuschauers, der nicht nur unbeteiligt ist, sondern unbeteiligt sein *soll*. Objektiviert, ist Moral um ihre Gegenwärtigkeit gebracht, um das, was sie an unserer Gegenwart transzendiert.

In ihren Extremformen sind Gesinnungsethik (Prinzipialismus) wie Verantwortungsethik (Konsequentialismus) noch verhohlene Spielarten eines „objektiven", meta-ethischen Moralbegriffs, insofern sie je eine Facette von Moralität zur ganzen Moral erklären. Eine prinzipialistische Gesinnungsethik verlangt, daß wir das von uns als gut Erachtete jederzeit und unabhängig von äußeren Umständen rein durchhalten sollen, während eine konsequentialistische Verantwortungsethik unserem Handeln die Verantwortung für alle Folgewirkungen mit aufbürdet. Beide überfordern uns, weil beide uns in unserer Endlichkeit verletzen: Der Prinzipialismus negiert die Zeit- und Umstandsgebundenheit unserer Existenz, er übergeht die Wirklichkeit, wie sie sich uns erscheinungshaft vermittelt; der Konsequentialismus weitet unsere Endlichkeit ins Unendliche aus, indem er in Form eines

Verantwortungs-Titanismus nicht nur die Differenz von Gegenwärtigkeit und Künftigkeit, sondern die von Plan und Handlung einerseits und der Wirklichkeit andererseits tilgt.

Konsequentialismus und Prinzipialismus sind Inbegriffe eines kontrafaktischen, ja wirklichkeitsverneinenden Moralverständnisses. So oder so wird unser Handeln von nichts als ihm selbst getragen. Wirklichkeit ist Rest-Widerstand – nichts, was uns entgegenkommen könnte, was uns korrigieren, uns entlasten könnte. Läßt uns der Prinzipialismus unbelehrt vom Außen handeln, so erlaubt uns der Konsequentialismus nicht, daß sich unser Handeln je von den Vorstellungen, die es motiviert und begleitet haben, trennen könnte. Das ist, strenggenommen, gar kein Handeln mehr: Wir kommen nicht mehr dazu zu handeln bzw. Handeln ist nur als gehemmtes Handeln „verantwortungsvoll".

„Unsere Verantwortung ist nicht eine unendliche, sondern eine begrenzte. Innerhalb dieser Grenze freilich umfaßt sie das Ganze der Wirklichkeit."[18] Es ist unsere Geschöpflichkeit, die uns in unserer Verantwortung begrenzt und darin uns erst in unserer Freiheit konkret anspricht. Frei zu handeln, heißt nicht, alle Motive und Folgen unseres Handelns zu kennen und kennend zu kontrollieren, sondern handelnd auf Gunst angewiesen zu bleiben – etwa auf das Verantwortungsbewußtsein anderer Menschen, auch der nachkommenden Menschen. Wir wären Vergewaltiger und keine Verantwortlichen, würden wir in unserem Verantwortungsbewußtsein nicht zugleich mit dem Verantwortungsbewußtsein der anderen rechnen. Von

[18] Dietrich Bonhoeffer: Ethik. Zusammengestellt und herausgegeben von Eberhard Bethge, München 1963, S. 248.

daher auch vergegenwärtigen und entscheiden wir, wenn wir moralisch handeln, nicht in jedem Augenblick Grundsätzliches und Letztgeltendes. Wir erfahren und erweisen unser Menschsein in moralischer Hinsicht aus unserer geschöpflichen Begrenztheit heraus, aus der Mitte unserer eigenen, kontingenten Lebenssituation. Ich bin nicht für alles verantwortlich; für das jedoch, was mir real, und sei es zufällig, begegnet, bin ich als ganzer Mensch gefordert. Moralischer Universalismus ist von seinem Anlaß her partikular; er hat seinen wirklichen Ort und seine wirkliche Zeit. Ein Universalismus, der die Besonderheit seiner Bedingungen theoretisch hinter sich zu lassen sucht, hat nur hypothetischen Wert. Andererseits ist ein Realismus des Partikularen, der willentlich alle universalistischen Implikationen dessen, was uns je zum Handeln veranlassen mag, ausschließt – um, im Gegenzug, sein Partikulares zu verallgemeinern –, sich selbst gar nicht verständlich. So kommt es denn, daß solch an sich selbst vernunfts- und sinnwidriger „Realismus" sich irgendwann nicht mehr um Ungerechtigkeiten schert, ja, Ungerechtigkeit mit ‚Wirklichkeit' gleichsetzt.

Dietrich Bonhoeffer formulierte, in christlicher Sicht, eine Dialektik des Vorletzten und Letzten. Danach erfüllen wir unser Menschsein weniger zum Letzten hin als vielmehr von diesem – in Gestalt des Heilands – her. Unser geschöpfliches Leben repräsentiert mithin ein Vorletztes, das von sich aus auf ein Letztes bezogen ist: zukunftsgerichtet und vom Künftigen gerichtet. Sosehr wir nach vorne orientiert sind, sowenig können wir Künftiges antizipieren und antizipierend beherrschen. Als Heilsuchende wissen wir, daß wir von Heil abhängig sind. Als von Heil Abhängige, nach Heil Suchende, erweisen wir uns als ebenso vom Heil Bedingte, Getragene. Wie anders hätten wir überhaupt einen Begriff vom Heilen, und woher nähmen wir die Kraft zur Suche nach ihm? Indem ich mich aus meiner eigenen Bedingtheit und Bedürftigkeit heraus begreife, erfahre ich mich nicht so sehr als unfrei denn, paradoxerweise, als in meiner geschöpflichen Begrenztheit gerechtfertigt und *darin* in meinem existentiellen Gut-sein bestätigt. „Christus kommt ja nicht in die Hölle, sondern in ‚sein Eigentum' (Joh 1,11), er kommt zu seiner Schöpfung, die trotz ihres Falles Schöpfung geblieben ist. [...] Von Christus her wird die gefallene Welt verständlich als von Gott für das Kommen Christi aufbewahrte, erhaltene Welt, in der wir *als Menschen* in gegebenen Ordnungen ‚*gut*' leben können und sollen."[19]

Willensbestimmt, pendelt modernes moralisches Denken denn auch zwischen den sinn-losen Extremen einer idealistischen Über-Moral und einer naturalistischen Anti-Moral. Beide entmutigen: jene durch Überhöhung (Spiritualisierung), diese durch Herabsetzung (Ökonomisierung) der moralischen Sphäre; durch Antworten, die die Spannung zwischen Sein und Sollen, zugunsten des einen oder des anderen, übersteigen, anstatt sie sich in der jeweiligen Person innerhalb ihres spezifisch von Teilhabe bestimmten Kontextes austragen zu lassen. Wo der moralische Diskurs, wie hier, sich selbst aus der Sein/Sollen-Differenz herausnimmt, verkennt er die Spezifik moralischer Probleme ebenso wie deren Übertragbarkeit auf ein Allgemeinmenschliches. Moral im ganzen wird ortlos, abstrakt, unverständlich. Erst dann kann sie entweder mit zufällig „herrschenden" Moralvorstellungen bzw. mit den Moralvorstellungen Herrschen-

[19] Ebd., S. 147 f.

der identifiziert werden. Oder sie wird zum Luxusartikel einer zeitlosen Kollektion von Werten, die nichts kosten, weil sie nichts in Frage stellen.

Das Problem des „Werteverfalls" ist das Problem einer Pseudo-Moral, deren Selbstbewußtsein kultureller, nicht wiederum moralischer – apriorischer – Natur ist. Moral ist selbst nichts Kulturelles. Ihren Wert oder Unwert bezieht eine Kultur von der Moral, die ihr zugrunde liegt, nicht umgekehrt. Eine Kultur ohne moralische Grundlage ist zugleich weniger kultiviert: In dem Maße, wie eine Kultur sich selbst moralisch in Frage zu stellen vermag, steht sie denn auch kulturell höher als eine, die sich dazu nicht versteht. So drückt denn die Rede vom „Werteverfall" ein kollektives schlechten Gewissen aus. Es ist die Kehrseite der kulturellen Begründung von Moral – und der Endpunkt des Prozesses der Veräußerlichung von Werten.

„Die" Werte stellen sich hier, wie die jeweilige Kultur, als Ergebnis einer Zwangsläufigkeit dar. In moralischer Hinsicht jedoch gibt es keine Zwangsläufigkeiten, sondern lediglich Nötigungen eines zwanglosen Zwangs. Gemäß der sich selbst zugeschriebenen Zwangsläufigkeit ist die Rede von „Werten" strukturell suggestiv; sie negiert mit unserer Freiheit unser eigenes moralisches Wesen. „Die" Werte entlasten uns gleichsam von uns selber: Die uns von innen her betreffende Frage, wie eine Handlung, ein Geschehen, eine Einrichtung moralisch zu erachten sei, braucht, wo Werte bereits feststehen, kaum mehr vom Einzelnen eigenständig beantwortet zu werden. Eine eigenständige Antwort wäre sogar unerwünscht, da sie ja anders ausfallen könnte, als es „die" Werte nahelegen. Die Suggestivität zwangsläufig-fester Werte verbietet geradezu moralische Reflexion, denn diese würde gerade der Festigkeit der Werte, der Zwangsläufigkeit ihres Entstehens, Abbruch tun.

Veräußerlicht, geht in den Werten die Erinnerung an den Akt der Wertung selbst bzw. die Werthaftigkeit von Handlungen verloren. Wenn wir recht handeln, wird uns sogleich die jeweilige Höherwertigkeit eines Wertes gegenüber anderen fühlbar. Wir erfahren Werte darüber in der Form, daß wir innerhalb unserer lebensweltlichen Vollzüge einen höheren Wert einem niedrigeren vorziehen bzw. diesen jenem hintanstellen. „Man darf nicht sagen, es werde das Höhersein eines Wertes genau so *‚gefühlt‘* wie der einzelne Wert selbst, und es werde *dann* der höhere Wert sei es ‚vorgezogen‘, sei es ‚nachgesetzt‘. Vielmehr ist das Höhersein eines Wertes wesensnotwendig nur *im* Vorziehen ‚gegeben‘."[20] Die im Vorziehen subjektiv erfahrene Höherwertigkeit eines Wertes reflektiert mithin auf eine übersubjektive ‚Rangordnung der Werte‘, die als solche nicht objektivierbar, mithin nicht auswendig wißbar ist. Um so deutlicher können wir sie indes empfinden, wenn wir sie im eigenen Handeln praktisch werden lassen. Werte werden nicht deduktiv abgeleitet, sondern induktiv erwiesen: Sie werden *im* Vorziehen – gemäß einer uns intuitiv erfahrbaren ‚Vorzugsevidenz‘ – erfaßt.

Scheler zufolge besteht eine unauflösliche Beziehung zwischen der im Objektiven angezielten ‚intendierten Wertmaterie‘ und dem subjektiv vollzogenen ‚wertrealisierenden Akt‘. In genau diesem Sinne ist ein höherer Wert nur in seinem Vorgezogen-Sein durch uns gegeben. „Wenn dies geleugnet wird, so ist hierfür der Grund meist der, daß das Vorziehen dem

---

[20] Max Scheler: Der Formalismus in der Ethik und die materiale Wertethik, Bern 1966, S. 105.

‚*Wählen*' überhaupt, also einem Strebensakte, fälschlich gleichgesetzt wird."[21] Das Vorziehen eines höheren Wertes gegenüber einem niedrigeren muß uns irgendwie „naheliegen"; wir müssen von vornherein, aus Gründen der eigenen Glückseligkeit, dazu geneigt sein.

Längst bevor wir um Wert und Unwert wissen, haben sich in unseren Haltungen (zu uns selbst, den anderen, der uns erscheinenden Welt) Wertrealisierungen bzw. -verhinderungen niedergeschlagen. Ehe wir also über einen Werteverfall klagen, sollten wir uns unserer eigenen möglichen Haltungsschwächen klarer werden. Wer weiß, ob wir unsererseits nicht Gewohnheiten angenommen haben, die uns gegenüber der Wirklichkeit bestimmter Werte, der Werthaftigkeit uns begegnender Wirklichkeiten hat fühllos werden lassen? Ob wir von uns her überhaupt noch imstande sind, geistesgegenwärtig Wertvolles weniger Wertvollem vorzuziehen? Haben wir, sei es durch zuviel Pragmatismus, sei es durch die Undurchlässigkeit unserer Prinzipien, womöglich unser Gewissen verbildet, unser Urteilsvermögen getrübt?

Fälschliches Vorziehen bzw. Zurücksetzen von Werten wirkt auf unsere Befindlichkeit zurück, so daß wir irgendwann nicht mehr anders können, als das Niedere zu wählen. Während die vorgezogenen höheren Werte zur Freiheit befreien, machen uns die vorgezogenen niederen Werte von der Wiederholung unserer Schwächen abhängig. Sind wir gleichsam von Natur geneigt, die höheren Werte den niederen vorzuziehen und sie vorziehend als höhere einzusehen, so bedeutet, dem zuwiderzuhandeln, seinen eigenen Intuitionen nicht mehr vertrauen zu dürfen. Je mehr

---

[21] Ebd.

damit unsere Geistesgegenwärtigkeit schwindet, umso schwerer wird es uns fallen, überhaupt noch höhere Werte zu wollen: Die vorgezogenen niederen Werte ziehen uns herunter, entrücken uns der Anwesenheit unseres eigenen Geistes und erschweren so, bis hin zur Selbstpreisgabe, die Realisierung unserer Freiheit.

Unser sittliches Wollen und Handeln ist ‚gut' nur dann, wenn Wertinhalt und Wertwahl übereinstimmen. Das Vorziehen eines höheren Wertes gegenüber einem niederen entspringt nicht eigentlich einer Wahl, sondern stellt ein ‚ergriffenes Ergreifen' unsererseits dar, in dem Sinne, daß wir ein objektiv Höherwertiges einem Niederwertigem subjektiv, noch einmal für uns selbst, vorziehen. ‚Schlecht' ist ein Akt, der einen höheren Wertinhalt einem niedrigeren unterordnet; ‚böse', wenn dies vorsätzlich, wider besseres Wissen, geschieht. Indessen wählen wir tagtäglich so, aber eben nur in läßlichen Zusammenhängen. Vor regelrechten Verkehrungen moralischer Prioritäten schrecken wir gleichwohl instinktiv zurück, so wenn unsere Wertoptionen absoluten – entscheidenden oder verwerfenden – Charakter annehmen. Ich weiß, daß ich jetzt (und auch morgen) ein Fußballspiel im Fernsehen dem Spielen mit meinem Kind vorziehen darf, nicht jedoch überhaupt.

Scheler sieht den Wert ‚gut' oder ‚schlecht' in der jeweiligen – wertrealisierenden oder -mindernden – sittlichen Haltung seines Trägers mit erscheinen. Wir sehen jemandem die Adäquatheit oder Inadäquatheit seiner Wertoptionen an. So erscheint uns eine Person als glaub- oder unglaubwürdig, ohne daß wir schlüssig sagen könnten, wie in uns eine solche Wahrnehmung hat entstehen können. Wir haben, intuitiv, einen Blick für die (gestörte) Einheit einer Person. Ein Blick, der um so geschärfter ist, wenn wir selbst mit uns im reinen sind; denn wir nehmen mit unserer gesamten Person wahr und sind von daher ebenso empfänglich für das Person-sein des Anderen.

Die Angemessenheit oder Unangemessenheit unserer jeweiligen Wertwahl verändert uns selbst zum Guten oder zum Schlechten. Der Einzelne ist die Summe seiner Handlungen und Unterlassungen. Josef Rattner identifiziert die Charakterstruktur einer Person mit deren Wertentwurf. ‚Neurose' bedeutet danach „*kranke* (subjektive) *Wertwelt*"[22]. Der Neurotiker strebt nicht keine Werte an, sondern identifiziert ‚Wert' mit einem (relativen) Unwert; aus Angst oder Bequemlichkeit weicht er den höheren Werten aus und setzt an deren Stelle niedere. Sosehr es unsere Gefühle sind, über die wir Werte und Unwerte vernehmen, sosehr wirkt erstarrte und verarmte Emotionalität Ent-Wertungen im Außen: Dem, der sich innerlich wie abgestorben fühlt, erscheint auch das Leben um ihn herum als wertlos. Einer Psychotherapie, die nicht nur den Defekt einer Persönlichkeit behandelt, sondern von sich her erfüllt ist von dem Gedanken der Einzigartigkeit und Unersetzbarkeit einer jeden Person, geht es darum, das Wert-Defizit des neurotisch gestörten Menschen und das damit einhergehende Sich-schuldig-Fühlen allmählich, und sei es nur annäherungsweise, in seelische Normalität zu überführen. Diese Normalität wird zunächst nur postuliert, dann zunehmend erahnt, schließlich in ihrer Weite und Tiefe erschlossen: ein Gesundungsprozeß in Richtung immer adäquaterer Wertrealisierung. So steigt der Patient mit „fixierter Blickrichtung" ins therapeutische Geschehen ein; „gleichsam

[22] Josef Rattner: Was ist Tugend, was ist Laster?, München 1988, S. 178.

durch eine Halsmuskelversteifung ist er gezwungen, seinen Blick immer nach unten zu richten, wo die niederen Werte sichtbar sind. Die Therapie lockert die Muskelstarre auf und leitet den Patienten dazu an, den Gesichtswinkel auszuweiten: Mit der Zeit kann er nach oben und vorne blicken. Indem er die höheren Werte begreift, wird sein Gefühl reicher, lebendiger, farbiger, heller und beglückender."[23]

Reden vom „Werteverfall" entspringen nicht minder einer Blickverengung. An sich selber defaitistisch, werden „die" Werte zu Spielmarken unreflektierten Autoritatismus. Ein Werte-Konservatismus weiß denn auch nichts von unserem unumgänglich freien Wertvollzug; genauso wenig von dem subjektiven Leiden an je herrschenden, bornierten Wertvorstellungen. Wer sich handelnderweise einer Verkehrung von Werten schuldig gemacht hat, hat Anspruch darauf, nicht von oben herab belehrt zu werden. Wenn wir jemanden aus Schuld herauszuführen suchen, müssen wir ihn noch in seiner Schuld begleiten. Wer einfachhin Werte einfordert, negiert ihre zwanglos zwingende Gültigkeit, mit der sie von sich her uns einleuchten. Von daher stellt ein Werte-Konservatismus seinerseits eine Haltung dar, die sich gegenüber der Notwendigkeit, daß wir für Wertvolles aufgeschlossen seien, verschließt. Werte gibt es für uns nicht außerhalb unseres Aufgeschlossenseins für sie; sie können nicht bewahrt werden, werden wir selbst nicht *jetzt* ihrer gewahr. Insofern indiziert der Werte-Konservatismus selbst eine konkrete Wertblindheit – einer Kultur, die weniger an die Werte, die ihr selbst zugrunde liegen, selbstlos glaubt, sondern, interessiert, den Fortbestand ihrer selbst als Kultur will. ‚Wert' meint hier:

[23] Ebd., S. 73.

sich an den Wert des Sich-selbst-Wollen glauben machen – bei Drohung eines „Untergangs“, von dem der „Verfall“ eine Vorankündigung ist.

6
Sein im Sollen,
Sollen im Sein

Von allen drei Aspekten der Teilhabe – Mitmenschlichkeit, Selbstübereinstimmung und Geschöpflichkeit – ist das Gebot der Mitmenschlichkeit am wenigsten strittig, kommt es doch am meisten dem ethischen Funktionalismus der Moderne entgegen. Derselbe Funktionalismus findet sowohl an der gebotenen Selbstübereinstimmung der Einzelnen als auch der Reflexion unserer Geschöpflichkeit seine Grenze. Weder Selbstübereinstimmung noch Geschöpflichkeit sind in irgendeiner Weise funktionalisierbar; sie sind nicht einmal erschöpfend formulierbar. Deren „Funktion" ist vielmehr, dem sozialen Funktionalismus Richtung und Begrenzung zu geben. Das unveräußerliche Recht des Einzelnen, nach Glück zu streben, etwa ist eine solche Richtungs- und Grenzgebung, wie auch der Gedanke der Gottesfurcht, wonach wir, ‚Ebenbilder' Gottes, nicht selber Götter sind. Identifizieren wir Ethik und Moral mit dem Funktionalismus befriedeter – auf Wechselseitigkeit und Ausgleich beruhender – zwischenmenschlicher Verhältnisse, so werden wir alsbald nicht mehr sagen können, welcherart Friede der Befriedigung, welche Gerechtigkeit dem Ausgleich zugrunde liegt. Schnell ist die innere Grenze eines funktionalen Realismus erreicht. „Es ist, wenn wir über ethisch-moralische Grundsätze nachdenken, ganz natürlich, daß wir mit dem ersten Punkt beginnen, mit den zwischenmenschlichen Beziehungen. Denn zum einen sind die Folgen schlechten Verhaltens in diesem Bereich auch im täglichen Leben am deutlichsten sicht- und spürbar: Krieg und Armut, Korruption, Lüge und minderwertige Arbeit. Und zum anderen gibt es hier kaum Meinungsverschiedenheiten. Fast alle Menschen zu allen Zeiten waren sich (zumindest in der Theorie) einig, daß wir ehrlich, freundlich und hilfsbereit sein sollten. Aber wenn wir uns damit zufriedengeben, dann brauchen wir gar nicht erst anzufangen, über Moral und Ethik nachzudenken. Wir betrügen uns selbst, wenn wir nicht anfangen, in uns selbst Ordnung zu schaffen. [...] Welchen Sinn hat es, auf dem Papier Regeln über soziales Verhalten aufzustellen, wenn wir genau wissen, daß unser Neid, unsere Feigheit, unsere schlechte Laune und unser Eigendünkel uns daran hindern werden, sie einzuhalten?"[24]

Wiewohl zentral im Dreiklang der Teilhabe, vermag die Mitmenschlichkeit nicht, uns als moralische Wesen zu fundieren. Es ist vielmehr umgekehrt: Wir wissen uns als Mitmenschen, nachdem wir uns längst als Geschöpfe vorgefunden haben und als Subjekte innegeworden sind. Wenn das Zwischen-Menschliche – das Politische – Aristoteles zufolge in der Freundschaftsfähigkeit, ja, dem Angewiesensein auf Freundschaft eines jeden Menschen gründet, worin gründet diese Fähigkeit wiederum, wenn nicht in der Freundlichkeit uns selbst gegenüber, unserer Selbst-Annahme und -Treue? Wie jedoch können wir uns selbst annehmen und treu bleiben, wenn nicht als *bereits* Angenommene, *kraft* ihres Geschaffenseins Gerechtfertigte?

---

[24] Clive Staples Lewis: Pardon, ich bin Christ, S. 73.

Entkoppelt von dem Erfordernis der Übereinstimmung mit uns selbst wie von dem Eingedenken unserer Geschöpflichkeit, erweist sich das funktional verallgemeinerte Gebot der Mitmenschlichkeit im Maße seiner gewollten Inhaltslosigkeit als schiere Zwanghaftigkeit. Diese signalisiert die Aufhebung des Moralischen als eines Selbstverständlichen: Moral wird zu Politik – wie Zwischenmenschlichkeit nur mehr kollektive Selbsterhaltung meint. Diese ist von sich her noch gar nicht friedensmächtig, da sie nur die Egoismen in Schach hält bzw. den Krieg der Egoismen von der Ebene des „höheren" Egoismus des Kollektivs her befriedet.

So würdig es ist, aus freien Stücken das Gute zu wollen, so wenig läßt uns unser guter Wille damit schon an der Wirklichkeit des Guten teilhaben. Wo er sich nicht auf das Gute, das er will, bereits verläßt, macht er (sich) einsam. Damit hört der gute Wille auf, sich gut zu fühlen, und wird gänzlich Wille *zum* Guten. Dieses ‚zum' wird zum Synonym eines unendlichen Wollens, der abgewiesenen Teilhabe. Nicht weil er das Gute will, ist der Wille gut, sondern weil er *in* seinem Wollen sich am Guten teilhabend weiß: er das Gute als seinem Wollen Vorausliegendes, Ermöglichendes ein-gesehen hat. Er kann mithin nur insofern gut sein, wie er, Teilhaber, vom eingesehenen Guten her korrigierbar, mithin für Einsicht überhaupt geöffnet bleibt. Jedoch, noch dort bleibt der freie Wille anfechtbar – ist der Wille frei, sich ebensogut gegen das Gute zu entscheiden. Es gibt keinen Automatismus des Guten. Es muß von uns gewollt bleiben. Als moralische Wesen, die zugleich nur in Freiheit solche sind, befinden wir uns im Niemandsland zwischen Voluntarismus und Intuitionismus.

„Weil der freie Wille aus dem Nichts stammt, darum

ist es ihm eigen, nicht von Natur im Guten beständig zu sein."[25] Dem Guten eignet, analog, eine Unwägbarkeit in Form der Indirektheit seines Wirken – hat doch das Gute, so Thomas, nicht nur den Status des Vollendeten, sondern auch die Potenz eines Vollendenden, derart, daß noch ein Übel vom Guten in ein Gutes gewendet werde. Wir sind Ausgeschlossene aus dem Paradies, die nicht aufhören, von ihrer Rückkehr dorthin zu träumen. Ebendieser Rückkehr dient unsere Freiheit im Maße unserer moralischen Selbstreflexion. Jacques Maritain unterscheidet mit Thomas zwei Arten von Freiheit: der Abwesenheit von Zwang und das Nichtgenötigtsein. Der Vogel ist außerhalb seines Käfigs frei; der Mensch jedoch ist frei in dem Sinne, daß er noch seine Determiniertheit frei auszufüllen imstande ist – durch die Freiheit seines Willens wie seiner Einsichtsfähigkeit ins Gute. Aufgrund seiner Geistesbegabtheit existiert im Menschen eine Verlangens- und Liebesfähigkeit, die, anders als die sinnlichen Triebe, ihn dem als gut Erkannten zustreben lassen. Ebenso natürlicherweise, wie wir Hunger, Durst und unseren Geschlechtstrieb zu befriedigen suchen, erstreben wir, über unsere natürlichen Begrenzungen hinaus, das absolute Glück, das Glück schlechthin. Das unserer Innerlichkeit eingeschriebene Versprechen eines solchen Glückes macht es, daß unser Wille in bezug auf all die Güter, die nicht das Gute selbst sind, undeterminiert bleibt. Es ist unsere Kindheit, die das Versprechen in uns hinterlegt hat; in unserer Kindheit ist gleichsam die Entscheidung über unser Endziel gefallen, eine Entscheidung, auf die wir immer wieder zurückkommen werden, so

[25] Thomas von Aquin: Von der Wahrheit, 24, 8 ad 4. A.a.O., S. 55.

bald wir uns auf uns selbst besinnen, um in freier Entscheidung unser eigenes Leben zu leben.[26]

Ethik, bevor sie Sache eines Wollens sein kann, hat mit der bestimmten Gestimmtheit zu rechnen, in der die Spezifik meines, deines In-der-Welt-Seins spricht: die Gestimmtheit eines Wesens, das sich nicht selbst gemacht hat, dennoch frei über sich verfügt. Personale Freiheit wird erfahren als Differenz von ‚geschöpft sein' und ‚Geschöpf sein'. In dem Maße, wie ich diese Differenz in mir empfinde, bin ich auch empfänglich für das Aroma anderen Selbst-seins, für Wirkliches insgesamt. Wirklichem aufgeschlossen, will ich ihm *wohl* – will ich die Wirklichkeit als bejahenswerte.

‚Gestimmtheit' deutet die Quelle an, aus der heraus eine Person sich individuiert. Die Gestimmtheit des Geschöpfes macht die Stimmung seiner Freiheit aus. Eine Ethik, die in ihrer Allgemeinheit für die einzigartige Gestimmtheit einer jeden Person durchlässig bleibt, weiß sich auf einen Wirklichkeitssinn verpflichtet, der, sosehr er der Realität Selbst-sein zuspricht, ihr Tiefe zumißt. Die Wirklichkeit ist nur aufgrund dieser Tiefe wirklich; ohne diese ist ‚Wirklichkeit' nur eine Vorstellung. Indem wir bei einer Person um ebensolche Tiefe wissen, sensibilisieren wir uns schon für deren Drang, *sich* zu verwirklichen. Damit sind wir, gespiegelt, zugleich mit dem Dunkel unseres eigenen, freien Lebensvollzuges konfrontiert.

Ein allzu „klarer" Moralismus verdrängt mit der Dunkelheit auch unsere Freiheit. Die Freiheit einer Person ist nicht zu trennen von der Quelle ihrer Gestimmtheit, ihrem Lebensgefühl. Sie ist aber nicht die

---

[26] Vgl. Jacques Maritain: Von Bergson zu Thomas von Aquin, Cambridge (Massachusetts) 1945, S. 176.

Freiheit selbst: Immer wieder muß ich aus mir selbst heraustreten, mich den Anderen als ein Selbst zeigen. Ich entferne mich von meiner inneren Quelle (anders wäre ich nicht kompromißfähig), wie ich zu ihr zurückkehre, um aus ihr Kraft zu schöpfen (ich würde mich sonst als ein Selbst verlieren). Dergestalt absolviert die menschliche Person ihr Leben gleichsam zwischen Sollen und Sein. Als sich selbst vertrautes wie verborgenes Wesen entdeckt und entwirft sie sich potentiell unaufhörlich. Sie nimmt ebenso teil an der sich permanent verändernden Welt, wie sie in ihrem Innersten gewissermaßen unberührt von dieser bleibt. Nur so ist zu erklären, daß wir, allen Veränderungen zum Trotz, treu – auch uns selbst gegenüber – zu sein vermögen, wo doch nichts in der äußeren Welt zur Treue einzuladen scheint.

Ehe die Welt uns an sich bindet, haben wir sie schon nach innen genommen. ‚Die Welt' ist in uns repräsentiert in der Weise, wie wir sie in unserem Leben kennengelernt haben, *plus* unseren Hoffnungen, die wir mit ihr für uns und unsere Nächsten verbinden; Hoffnungen, die uns enttäuschbar halten, die uns Sorge und Angst empfinden lassen. Unsere Erfahrungen mit der äußeren Wirklichkeit fügen wir unseren Vorstellungen von der Wirklichkeit bei. Wirklichkeit ist, so verstanden, nur als erlebte Wirklichkeit wirklich. Genau dies ignoriert ein „Realismus", der übers Wahrgenommene den Wahrnehmenden ignoriert, das Außen von jenem Innen trennt, in welchem jenes repräsentiert – *erinnert* – wird. Personen, die wir sind, absolvieren wir noch unser äußerliches Leben *in* uns und verantworten es darin *vor* uns. Ebenso falsch wie solcherart Realismus wäre der spiritistische Kult eines Innen, das, sich selbst genügend, auf kein Außen mehr rekurrierte, das mithin für nichts mehr Verantwortung trüge, da es nichts mehr in sich repräsentiert. Innerlichkeit setzt per Definition ein Außen voraus, von dem es sich abkammert; genauso kommt nicht nur jede Äußerung aus einem Innen, sondern es transportiert auch, zum Ausdruck gekommen, Innerliches. Aus diesem Grund auch ist es uns nicht gestattet, einen Gebrauch von Moral zu machen, der einseitig den inneren oder den äußeren Menschen, seine Gesinnung oder sein Handeln, anspricht und eben hierüber die Person mit sich selbst entzweit.

In Fragen des zu erkennenden und zu tuenden Guten, schreibt Josef Pieper, komme es weniger auf Gesinnung, Werte und Ideale als vielmehr darauf an, sich von der Wirklichkeit ansprechen zu lassen. ‚Wirklichkeit' faßt er, in einem zweifachen Sinne auf, als *realis* und als *actualis*. Meint *res* die objekthafte Wirklichkeit, wie sie, unabhängig von uns, unserem Erkennen entgegen-steht, so hebt der *actus*, statt auf den Gegensatz von Objektivem und Subjektivem, Wirklichem und Gedachten, auf den Unterschied von Wirklichem und Möglichem ab. Diesem letzten, handlungs- und entwicklungsbezogenen Begriff von Wirklichkeit zufolge meint ‚gut', auf Verwirklichung einer Möglichkeit – auf Selbst-Verwirklichung – ausgerichtet zu sein. Sich selbst zu verwirklichen, heißt demnach „gleichgerichtet sein der innewohnenden Richtung des Seinkönnens aller Dinge; Bejahung alles geschaffenen Seins; ‚Liebe' zu allem, was ist; einem jeden Wesen die eigentümliche Form der Verwirklichung gönnen und wollen"[27].

Ver-Wirklichung setzt eine Kraft innerhalb der-Wirklichkeit voraus, worüber ein Wirkliches mehr zu

[27] Josef Pieper: Die Wirklichkeit und das Gute, München o. J., S. 12f.

werden vermag, als es „ist“, ja, über dieses Mehr erst *es selbst* ist. Aristoteles hat dieses Wirken ‚Entelechie‘ genannt: die Entfaltung einer Möglichkeit von Wirklichem, ohne die die Wirklichkeit unwirklich wäre – Repräsentanz ohne Präsenz. Entelechie, die zwanglos gerichtete Bewegung eines Selbst im Sinne eines sich in einer bestimmten Weise Verwirklichenden, bezeichnet einen jedwedem Lebendigen mitgegebenen, eigenen Telos: die spezifische Entwicklungsweise und Selbsterhaltungskraft eines Wirklichen, das „gut“ ist, insofern es aus einem unvordenklichen Frieden heraus existiert – das nur aus einem solchen Frieden heraus existieren kann.

Indem der Moralismus den Einzelnen an einem Sittlichkeitsgebot mißt, das in sich selbst aller spezifischen Voraussetzung bar sein soll, überfordert er. Aber er unterfordert uns auch, wenn er mit der „Reinheit“ des Sittengesetzes, unausgesprochen, dessen Nicht-Erreichbarkeit mitsetzt und so den Umkehrschluß nahelegt, Sittlichkeit und Natürlichkeit, Moral und Leben seien Gegensätze. Beschreibt die Sein/Sollen-Differenz die moralische Situation als ein Zwischen, als den ‚ortlosen Ort‘ unserer Selbst-Verwirklichung, so gerät sie, verabsolutiert, zur trennenden Kluft: Die Sein/Sollen-Differenz wird in uns zum Anlaß einer Selbst-Entzweiung, einer Verzweiflung, die idealistische oder naturalistische, philanthropische oder zynische Züge tragen kann. So oder so sind es Züge eines Voluntarismus, der eine je schon verloren gegebene Sinn-Ordnung per guten Willen wettzumachen sucht, indem er die Heteronomie des Moralischen als eines Selbstverständlichen durch einen selbstbezüglichen Prinzipialismus bzw. Konsequentialismus ersetzt. Für das Selbstverständliche aber kann kein Selbstbezügliches, für Sinn kann kein Wille –

und sei es *zum* Sinn – Ersatz schaffen, ohne unsere Verzweiflung zugleich zu vertiefen.

Nichts kann Vertrauen ersetzen, was nicht wieder Vertrauen begründet. Nicht, daß wir vertrauen müssen. Das Mißtrauen muß aber seinerseits in Fühlung bleiben mit einem tieferen Vertrauen, in dessen Dienst das Mißtrauen stünde. Wo immer also das Prinzip eines tragenden Guten ersetzt werden soll von einem gewollten Guten, hat Zwanghaftigkeit statt, welche sich in den sogenannten Sekundärtugenden – Fleiß, Pünktlichkeit, Anstand usw. – werthaft niederschlägt: „Tugenden", die sich selbst genügen, während die klassischen Tugenden der Klugheit, Gerechtigkeit, Tapferkeit und des Maßes notwendigerweise in einem interaktiven, teleologischen Verhältnis zueinander stehen. Unter der Willens-Herrschaft des manichäischen Prinzips, wonach das Gute gegen das Böse als seinen an Kraft ebenbürtigen Widerpart ankämpfen muß, verlieren wir nicht nur unser Vertrauen in die Zwanglosigkeit des Guten, sondern kompensieren diesen unseren Verlust durch ein Geltendmachen umso rigoristischerer „Werte". So erst wird nachvollziehbar, warum, zumindest in unseren Breiten, Sittlichkeit mit Sauberkeit identifiziert werden konnte, während „das Sinnliche" zum Inbegriff des Ruchhaft-Bösen geriet.

Freiheit impliziert die Möglichkeit von Selbst-Verwirklichung ebenso wie die Verwirkung unserer mitgebrachten Möglichkeiten. Noch Selbstbesitz und Selbstbestimmung haben ihr Mandat von woanders her; es ist, als ob wir kraft unseres Person-seins einen Auftrag mitbrächten: als ob personales Werden Absolvenz einer Mitgift wäre, wir als Personen ein spezifisches, unvertretbares Sollen ins Sein einführten – als ob das Sein unsere Freiheit, das Leben unser Wollen und Streben riskierte, um auf umweghafte, d.h. lebendig individuierende Weise Sinn zu realisieren.

Menschliches Leben, als geschöpfliches, ist ontologisch determiniert. Bevor wir nur daran denken können, souveräne Subjekte zu sein, erfahren wir uns als gefährdete, bedürftige Wesen. Hier, im Bereich der ontologischen Überdeterminiertheit, bereits zu moralisieren, heißt, gemeinsame Sache mit der Übermacht zu machen – zu überfordern: Sollen und Überforderung in eins zu setzen; es heißt darüber hinaus, uns ausschließlich in Form der Selbstverneinung zu „bejahen". Durch nichts zwar sind wir von unserer Überdeterminiertheit zu befreien (sie ist eine Seite der Conditio humana), doch sind wir in ihr frei, unser Leben zu führen in vernunftgeleiteter Übernahme seiner Vor-Bedingungen (die andere Seite der Conditio humana).

Als gefährdet-bedürftige Lebewesen unterstehen wir den Fährnissen einer blinden Natur, als geistbegabte, freie Personen einsehbaren Geboten der Sittlichkeit. Sittlichkeit verneint nicht die Natur, sondern geht, sich in sie vertiefend, über sie hinaus. Unsere Leiblichkeit stellt sich noch für ihre Überwindung zur Verfügung. Das Leben muß nicht zur Transzendenz gezwungen werden; es ist aus sich heraus schon transzendent. Wir selbst sind es, die aus Furcht vor Veränderung sich in der je vorgefundenen Immanenz einrichten. Von dorther teilt sich uns denn auch die moralische Wirklichkeit fälschlicherweise als Gegensatz zur Wirklichkeit selbst dar.

Die Sollens-Wirklichkeit des Moralischen vermittelt sich uns zwanglos zwingend: Das Sollen reißt sich los vom Sein, wie sich der Sinn eines Seins in der Entscheidung zu einem Gesollten erfüllt. Das Moralische – das Gute – können wir von daher nicht pur und unmittelbar, d.h. wollend wollen, sondern wir sollen es, wenn wir etwas wollen, gleichsam mit-wollen. Wir sind nicht darin moralische Wesen, daß wir als Moralisten in einen Gegensatz zum Wirklichen träten, sondern insofern wir die Bedingungen, die wir vorfinden, einerseits in Freiheit übernehmen, während wir andererseits unsere Initiativen den Geboten der Gerechtigkeit unterstellen. Auf die Frage, ob wir immer wollen müssen, was Gott will, sagt Thomas von Aquin, daß wir nicht immer wissen können, wovon Gott will, daß wir es tun; wir sollen jedoch das wollen, wovon Gott will, daß wir es wollen. Das heißt, wir entsprechen Gottes Willen nicht dadurch, daß wir ihn kennen und – wie es die Fanatiker tun – „umsetzen", sondern indem wir, selbständig, unserem Gewissen folgen.

Das Auf-etwas-aus-Sein unseres Lebens verwehrt uns, das ethisch Richtige, sei es nach Maßgabe theoretisch „sauberer" Kriterien, sei es gemäß pragmatisch „opportuner" Gesichtspunkte zu ermitteln. Es kann weder theoretische noch praktische Lösungen geben, sondern lediglich zeitgenössische Aktualisierungen jenes Problems, daß mit Willensfreiheit begabte Personen ihr eigenes Leben führen, und dies gleichzeitig im Einklang mit dem Leben der Anderen führen müssen. Dieser Einklang heißt ‚Friede'. In sich durch Freiheit vermittelt, ist dieser nur nach Maßstäben des zwanglosen Zwangs denkbar – mithin weder einfachhin theoretisch konstruierbar noch schon direkt in der Wirklichkeit auffindbar.

Was, als Antrieb, auf seiten der Willkür Lust, ist auf seiten der Freiheit Neigung. Bezeichnet die Neigung das innere Gefälle einer Person, die Schwerkraft ihrer auf Glückseligkeit gleichsam geeichten Innerlichkeit, so wird in der Lust ein Außer-Sich gesucht, ein Mehr, worüber ein Subjekt sich willentlich seiner Selbstübereinstimmung begibt. Während sich die Selbstbewegung der Lust in ekstatischer, sich-verlierender Weise vollzieht, ist die Neigung enthusiastisch-empfangender Natur: Das Subjekt findet sie in sich als etwas vor, das nicht intentional gewollt und gehabt werden kann, sondern sich, im Gegenteil, in eins mit unserer Selbstvollbringung vollbringt. Genau das heißt einer Neigung folgen.

Verschafft sich die Person in ihrem Streben nach Lustgewinn ein antizipiertes Surplus im Medium der Andersheit, so instrumentalisiert sie sich, wenn sie einer Neigung folgt, selbst in Hinblick auf eine nicht vorhersehbare Erfüllung – sie wählt, in diesem Sinne, „blind", d.h., sie *wählt* nicht eigentlich. Was Max Scheler die Vorzugs-Evidenz von Werten im Akt des Vorziehens nennt, zollt ebendiesem Nicht-Wählen Tribut. „Gewiß ist sittlich ‚gut' nicht unmittelbar die ‚Neigung', das Streben und Aufstreben [...], sondern der Willensakt, in dem wir den (fühlbar) höheren Wert zwischen Werten, die in Strebungen ‚gegeben' sind, erwählen. Aber er ist der ‚höhere Wert' schon *in den* Strebungen selbst, nicht erst entspringt dieses Höhersein aus seinem Verhältnis zum Wollen."[28]

Die moralische Pflicht kann nicht den Neigungen dessen entraten, der sie erfüllen soll. Genauso wenig jedoch kann die moralische Pflicht von unseren Neigungen irgend abhängig sein. Vielmehr wird unser Gewissen daran appellieren, unsere Pflicht zu tun, indem wir eine Neigung gegenüber einer anderen stärker machen. „Angenommen, wir hören den Hilfeschrei eines Menschen, der in Gefahr ist. Vermutlich empfinden wir dann zweierlei: einmal den Wunsch,

[28] Max Scheler: Der Formalismus in der Ethik und die materiale Wertethik, S. 62.

Hilfe zu leisten (entsprechend unserem Herdentrieb), zum anderen den Wunsch, uns keiner Gefahr auszusetzen (entsprechend dem Selbsterhaltungstrieb). Doch zusätzlich zu diesen beiden Trieben wird etwas Drittes in uns sein, das uns sagt, wir sollen dem Impuls zu helfen folgen, den Impuls davonzulaufen dagegen unterdrücken. Und dieses Dritte, das zwischen beiden entscheidet, das bestimmt, welchem Trieb wir folgen sollen, kann natürlich nicht selbst einer der beiden Triebe sein. Ebensogut könnten wir sagen, die Note auf dem Notenblatt, die angibt, welcher Ton auf dem Klavier angeschlagen werden soll, sei selbst eine Taste auf dem Klavier. Das Sittengesetz gibt uns die Melodie an, die wir zu spielen haben. Unsere Triebe sind lediglich die Tasten."[29] – Dies unterscheidet Moral von Moralismus, freie Sittlichkeit von bloßem sittlichem Gehorsam: daß wir das, was wir tun sollen, auf unsere Weise tun. Täten wir es nicht auf unsere Weise, täten wir, was wir tun sollen, schon in der Weise des Müssens. ‚Sollen' aber heißt: im eigenen Wollen das Gesollte mit zu wollen.

‚Richtiges Leben' und menschliches Richtigsein' bedingen einander: Tugend ist in Neigung fundiert, wie Neigung erst in der Tugend bei sich selbst ist. Tugend beruht auf Neigung im Sinne einer unwillkürlichen, geschöpflich mitgegebenen Richtungnahme unseres zu lebenden Lebens: einem ‚natürlichen Wollen', welches erst in der Formung durch die Tugend „schöpferisch" wird. An der vorgefundenen Neigung merken wir, erneut, daß wir nicht über die erste Initiative verfügen, daß wir nicht Souveräne sind. So reden wir etwa von einer Gabe, die jemand mitbekomme habe. Indem wir das Mitbekommene weiter-

[29] Clive Staples Lewis: Pardon, ich bin Christ, S. 22f.

bilden, wachsen wir zugleich über uns – über unsere Anfangsbedingungen – hinaus. Auf Vollendung und Glück hingeordnet, wirkt eine dunkle Schwerkraft in uns, die wir, wenn wir das uns Mögliche anstreben, immer mehr, d. h. lichter zu sein beginnen. So meint Tugend auch weniger Willfährigkeit gegenüber einem traditionalen Werte-Kanon als ein unserem Geschaffen- und Auf-dem-Weg-Sein Gemäßes. Hier auch liegen, wie Josef Pieper gezeigt hat, die beiden „christlichen“ Hauptverkehrungen des Tugend-Begriffs, des Moralismus und des Supranaturalismus, begründet: Während der Moralismus das Tun des Menschen vom lebendigen Dasein der Person entkoppelt, entwertet der Supranaturalismus das leiblich-vitale Leben insgesamt.

Was, als Indiz geglückter Selbst-Realisierung, im einzelnen *Glückseligkeit*, ist im allgemeinen *Friede*. Wir leben und handeln nur ‚richtig‘, sofern wir unserer kreatürlich-unwillkürlichen Hinbewegung auf das vor-anwesende Ziel nicht aktiv widerstreiten, wenn wir unsere innere Tendenz auf Glückseligkeit nicht dadurch hintertreiben, daß wir ‚Glück‘ mit etwas identifizieren, was die ‚gesollte‘ Glückseligkeit schuldhaft verwirkt. Die Hinneigung zu Glückseligkeit ist unsere ureigenste Neigung, bevor wir Neigung zu *etwas* verspüren. Aus nichts anderem leitet sich Friede her. „Mit Notwendigkeit muß jedes begehrende Wesen den Frieden begehren, weil doch jedes begehrende Wesen ruhig und ohne Hinderung dahin zu gelangen strebt, worauf sein Begehren geht.“[30]

‚Tugend‘ und ‚Neigung‘ haben heutzutage einen schlechten Klang: Tugend firmiert als Überbleibsel

[30] Thomas von Aquin: Summa theologica, II, II, 29, 2. A. a. O., S. 123.

einer an Ehre orientierten, aristokratischen Moral, Neigung als Zeichen einer schwächlichen, darin nicht minder elitären Glücks-Ethik. Wenn Tugend jedoch der Idee nach meint, in uns die Anlage zu erhalten und fortzubilden, ein würdig-selbständiges Leben zu führen, und dennoch als Begriff dem heutigen Lebens- und Sprachgefühl fast unüberwindlich fremd bleibt, dann spricht sich damit ein Vertrauensverlust ins Ideal gelingenden Lebens aus. Nach Maßgabe einer teleologisch-materialen, auf sinn-orientierter Zielverwirklichung ausgerichteten Lebenslehre dagegen untersteht unser aller Leben weniger einem überpersönlichen Sittengesetz als einem ‚natürlichen Gesetz', welches dem Lebenden kraft seiner Geschöpflichkeit innewohnt. Bevor wir uns mithin als zum Guten Verpflichtete gewahren, reflektieren wir uns als Geschöpfe, deren Sein prinzipiell gut *ist*. Anders, d.h. jenseits solchen metaphysischen Bejaht-Seins, könnten wir nicht einmal unseren eigenen Willen durchhalten. Man muß sich das Gute als eine Art Trage-Prinzip vorstellen, worüber wir vermögen, Kontingentes und Differentes – allein schon leiblich – in eins zu integrieren: *Identität* hervorzubringen.

„Das natürliche Gesetz fordert von der geistbegabten Kreatur, zum ersten, die Bejahung, die nachvollziehende Neusetzung, die Wahrung der wesenswirklichen Ordnung der Welt. Und, zweitens und eigentlich: es bedeutet, daß der Mensch sich selbst unter die Verpflichtung des ‚Werde, was du bist' begeben soll, jenes Satzes, in dem die innewohnende Wesensrichtung alles Wirklichen sich ausspricht."[31] Das ‚Werde, was du bist' ist der entelechiale Kern des Sittlichen, sein konkretes personales „Programm". Es kann mit

[31] Josef Pieper: Die Wirklichkeit und das Gute, S. 70f.

hin sowohl als ein Seins- als auch als ein Sollens-Satz gelesen werden. Nur, daß damit weder ein Freibrief auf individualistisches „Ausleben“ noch ein solcher auf einen “organizistischen” Prozeß überindividuellen Werdens ausgestellt ist. Das ‚Werde, was du bist‘ gebietet uns vielmehr, unsere Aufmerksamkeit eigens auf das uns Mitgegebene zu richten, unser Auf-dem-Weg-Sein mit einer Aufgabe zu verbinden und in diesem Sinne Verantwortung für uns zu übernehmen.

Ebendieses Richtungnehmen auf die eigene personhafte Verwirklichung meint, nach Thomas, Tugend. Ver-Wirklichung setzt eine Kraft innerhalb der Wirklichkeit selbst voraus, worüber ein Wirkliches „mehr“ zu werden vermag und über dieses ‚Mehr‘ zugleich ‚es selbst‘. Es ist die Kraft dieses Mehr, die die Gutheit des Wirklichen ausmacht. Wo, analog, ein Sein verneint wird, eine Wirk-Möglichkeit nicht zum Ausdruck, zur Verwirklichung ihrer selbst *als* Selbst kommt, wirkt sie zum Schlechten, nämlich zur Verhinderung, ja Zerstörung dieses Selbst – und damit, potentiell, eines jeden Selbst. Dies lehrt die Despotie als Herrschaft eines einzigen Willens. Deren Erfahrung erweist ex negativo die Unumgänglichkeit von Demokratie als der einzigen Weise, nach der die Vielen – wir – sich ihren Möglichkeiten gemäß verwirklichen können.

7
Verfügbarsein für das Gute

Gabriel Marcel hat gezeigt, daß mir, als einem Wesen, das sich selbst leibhaft zu erscheinen vermag, mein eigener Körper notwendigerweise undurchdringlich ist – und mit ihm meine Gedanken, *als* die meinen. Diese Undurchdringlichkeit kommt meinem Körper aufgrund seiner Funktion eines unumschränkten Vermittlers meines In-der-Welt-Seins zu. Mein Körper *ist* gewisserweise mein Selbst, „denn ich kann mich von ihm nur trennen, wenn ich ihn zum Objekt mache, das heißt, wenn ich aufhöre, ihn als unumschränkten Vermittler zu betrachten. Folglich ist ein für allemal mit den Metaphern zu brechen, die das Bewußtsein wie einen Lichtkreis darstellen, um den herum nur Finsternis wäre. Es ist gerade umgekehrt: die Dunkelheit ist im Zentrum."[32]

Das sich als inkarniert erlebende Subjekt ist sich seiner selbst weniger als Individuum gewiß, als daß es in der eigenen Person etwas vernimmt, was durch diese hindurchgeht. Von daher kann sich die menschliche Person nie selbst genug sein. Sie ist, im Gegenteil, aufgrund ihrer Innerlichkeit *verfügbar* – für das Gute wie für ein Schlechtes. Marcel unterscheidet folglich zwischen zweierlei innerer Reserve gegenüber

[32] Gabriel Marcel: Metaphysisches Tagebuch. In: Sein und Haben, Paderborn 1954, S. 14.

der äußeren Welt: der des Zuschauers und der des Heiligen. Während sich die Loslösung des Heiligen in Form einer Entsagung vollzieht, die dem schöpferischen Prinzip der Wirklichkeit gemäß dem Selbst-sein alles Wirklichen Tribut zollt, so erweist sich diejenige des Zuschauers als eine der eigenen Selbsterhaltung geschuldete Fluchtbewegung, deren Gestus jedes sinnhafte Selbst-sein der Wirklichkeit negiert. Der „filmhafte" Realismus des Zuschauers ist noch ein Reflex dieser Negation, über die ein Subjekt die Welt gleichermaßen an sich reißt und verwirft – um so der objekthaften Struktur einer Welt überantwortet zu bleiben, deren Flüchtigkeit geradezu einlädt zu Treulosigkeit und Verleugnung. Dem stellt Marcel einen spirituellen Realismus gegenüber, wie er sich im Akt des Hoffens kundtut: wenn wir, in Hinblick auf die „Wiederherstellung einer bestimmten lebenden Ordnung in ihrer Integrität"[33], eigens auf das sinnhafte Selbst-sein der Wirklichkeit hoffen – der Realität als solcher Kredit einräumen.

Nur auf dem Hintergrund solchen Kredits ist die erscheinungsvermittelte Wirklichkeit überhaupt moralisch bewertbar. Die Wirklichkeit ist werthaftig im Maße ihrer Tiefe. Ermessen wir diese Tiefe jederzeit? Oder machen wir uns die Wirklichkeit nicht vielmehr flach, um sie nach Maßgabe unserer Interessen und Projekte handhabbar zu machen? Je „erfolgreicher" wir darin sind, desto größer wird unser Verlust an Wertbewußtsein sein. ‚Wert' ist zunächst eine von unseren Interessen und Projekten unabhängige Größe. Je mehr wir innerhalb unserer Lebensvollzüge fremden Selbst-seins gewahr bleiben, um so mehr realisieren wir Werte in eins mit deren Wahrnehmung. Wir

---

[33] Ebd., S. 80.

können sozusagen nicht mehr anders, als unser Handeln vom wahrgenommenen Wert-Vollen formen zu lassen.

Die Tiefen-Vermutung gegenüber der Wirklichkeit, vermittels deren sich ihr zu allererst Wert – Selbstwert – zubillige, läßt mich den je anderen Menschen als Mit-Menschen wahrnehmen. Wie ich selbst hat auch er, der mir zunächst nur in seinem Äußeren erscheint (wie ich ihm), ein Innen. Ist mir in jedem Augenblick bewußt, daß der Andere, dessen Äußeres ich wahrnehme, sich selbst genauso vertraut und undurchdringlich ist wie ich mir? Wüßte ich es jederzeit, es wäre mir unvorstellbar, Gewalt gegen ihn auszuüben, ja nur unduldsam gegen ihn zu sein. Es wäre, als ob ich mir selbst Gewalt antäte. Nur zwanglos lernen wir einander „kennen“: erschließt sich uns Selbst-sein als innengeleitete *Bewegung* eines Selbst. Den Anderen bei sich selbst antreffen, beinhaltet, sich mit ihm zusammen zu bewegen. Sobald ich den Anderen in seiner Selbst-Bewegung behindere bzw. sein Selbst meiner eigenen Selbst-Bewegung – und sei es in Form meiner Unbeweglichkeit – unterwerfe, hat Herrschaft statt.

Der Zwanglosigkeit subjektiven Verstehens korreliert ein objektives Gut-Sein des Zuverstehenden. Etwas ist ‚gut‘, wie es ‚es selbst‘ ist. Daß ich etwas nicht als es selbst zu begreifen, die Tiefen-Vermutung gegenüber der Wirklichkeit nicht durchzuhalten vermag, läßt mich in eine Haltung zu ihr geraten, welche mich von deren Gut-Sein – und, gespiegelt, von meinem eigenen – abschneidet. Sosehr ich, egoistisch, die mitmenschliche Wirklichkeit von mir distanziere, sowenig wird mir das Erscheinen des Anderen etwas „sagen“, mit der Konsequenz, daß ich mir selber zunehmend fremd werde. Indem ich den Selbstwert von Wirklichem wahrnehme, erschließe ich mich mir selbst zunehmend als Selbst. Auch hier zeigt sich wieder, daß Mitmenschlichkeit, bevor sie unsern guten Willen beansprucht, unsere Wahrnehmung herausfordert: uns, im wahrsten Sinne, die Augen öffnet für die Realität der Teilhabe.

Nach Emmanuel Levinas unterscheidet sich die Erscheinung des anderen Menschen von der eines Dinges vornehmlich darin, daß wir, sobald wir ihn wahrnehmen, von ihm in unserer Mitmenschlichkeit angesprochen werden. Wir fühlen uns „irgendwie" für ihn verantwortlich – selbst dann noch, wenn wir nicht in eine Beziehung zu ihm treten mögen. In der Wehrlosigkeit des fremden Antlitzes entäußert sich jenes „Elend des Menschseins", welches mein Verhältnis zum Anderen durch meine Furcht für ihn als meinen Nächsten bestimmt. Es ist seine Versehrbarkeit und Sterblichkeit, jener unsichtbare Tod, dem das Antlitz des Anderen die Stirn bietet, das mich in meinem eigenen Innern heimsucht, mich als Mitmensch in Anspruch nimmt.

Aus dieser Erfahrung heraus unterscheidet Levinas zwischen einem kognitiven „Denken-von" und einem ethischen „Denken-für".[34] Das Denken-von ist jener Struktur verhaftet, die ihm die Intentionalität des Bewußtseins, seine absichtshafte Gerichtetheit auf ein Etwas, vorzeichnet. Sein Wahrheitsbegriff entspricht dem Zeigefinger, der auf einen Gegenstand hindeutet, der Hand, die zugreift. Demgegenüber befindet sich das Denken-für jenseits aller Ziele, Zwecke und Bemächtigungen; ihm liegt die gegenläufige Erfahrung zugrunde, daß das menschliche Antlitz die es anzielende Absichtshaftigkeit „entlarvenden" Denkens

[34] Vgl. Emmanuel Levinas: Wenn Gott ins Denken einfällt, Freiburg 1988, S. 209ff.

je schon entwaffnet. Läßt das Denken-von das Erkannte im Erkennen, das Begriffene im Begriff aufgehen, so findet das Denken-für seinen Anlaß eigens daran, daß das Antlitz des Anderen meinem Bewußtsein *widersteht.* Das Antlitz des Anderen bietet sich mithin nicht als ein Objekt der Erkenntnis an in dem Sinne, daß wir an ihm beispielsweise Augen, eine Nase, eine Stirn wahrnehmen. Levinas begreift das Antlitz vielmehr als kontextfreie, aus sich selbst heraus gegebene Bedeutsamkeit: als Sprache. Deren erstes Wort ist „Du sollst nicht töten". Wenn nämlich, den Anderen wahrzunehmen, heißt, ihn sogleich und immer schon in seiner Versehrbarkeit zu gewahren, dann bedeutet, ihn als Menschen zu verneinen, potentiell gemeinsame Sache zu machen mit dem ihn bedrohenden Tod. Negation des Anderen par excellence ist der Mord. Das Vermögen, zu töten, zeigt indes zugleich die Grenze allen menschlichen Vermögens an: Zwar kann ich den Anderen faktisch aus der Welt schaffen, nicht aber die Tatsache seines Seins.

Nach Maßgabe erfahrener Teilhabe finde ich mich in das, was ich sehe, bereits verwickelt. Genauso kann ich nicht Gutes erkennen, ohne schon an ihm teilhaben zu wollen. Auf diesem Hintergrund hat Gabriel Marcel zwischen ‚Problem' und ‚Mysterium' unterschieden: Ist das Problem etwas, auf das ich gestoßen werde, was mir vor Augen steht, so schließt mich das Mysterium, meta-problematisch, als Erkennenden ein, verlieren Innen und Außen, ‚in mir' und ‚vor mir' hier ihre Trennschärfe. Während uns das Problem aufruft, es praktisch zu lösen und technisch zu meistern, verkörpert das Mysterium einen Frieden, „der jedes Verstandesvermögen übersteigt"[35]. Und während in der

[35] Gabriel Marcel: Metaphysisches Tagebuch, a.a.O., S. 112.

Welt des Problematischen Raum und Zeit als Koordinaten für Selbstbehauptung und Fremdbeherrschung dienen, erscheinen sie im Bereich des Metaproblematischen als „Manifestationen der Unerschöpflichkeit"[36].

Dem Problem korreliert Leistung, dem Mysterium Sammlung: „das Problem versetzt mich irgendwie in den Zustand innerer Spannung, während die Sammlung eher entspannend ist"[37]. Der um das richtige, *sein* Leben Bemühte müßte an der schieren Veränderlichkeit der Welt irre werden, verstünde er es nicht, sich aus seiner innerlichen Nichtübereinstimmung mit der äußeren Welt heraus immer neu zu sammeln. In diesem Sinne setzt die Identität des Einzelnen Nicht-Identität – Negativität – voraus, die es in sein Selbst zu integrieren gilt. In der ausgetragenen, auf Selbst-Absolvenz fokussierten Differenz von Innen und Außen erfahren wir unsere Personalität mit einem spezifischen Sinn verbunden, den zu entfalten Inhalt unserer Freiheit ist. *Hierin* sind wir für das Gute verfügbar. Es ist ebendiese Hingabe und Bindung an einen mit der Person mitgegebenen Ziel-Sinn, der uns unsere Freiheit von jener Willkür unterscheiden läßt, worüber ein „souveränes", sich unverfügbar haltendes Subjekt sich in seinen Zwecksetzungen erschöpft.

Da wir das Gute selbst nicht kennen, wir als Freie den Grund, auf dem wir stehen, handelnd verfehlen können, haben wir eine Ethik nötig. Die Möglichkeit solcher Verfehlung gibt uns Aufschluß darüber, daß es uns nicht gegeben ist, in der Einheit von Innen und Außen zu leben. Wir stehen der Welt, in der wir leben, zugleich gegenüber. Wie wir einerseits kraft unserer

---

[36] Ebd., S. 111.
[37] Ebd., S. 122.

Innerlichkeit von der Welt getrennt sind, bewerkstelligen wir andererseits über dieselbe Differenz unseren „Anschluß“ ans Sein. Auf die Art habe ich unwillkürlich Umgang mit dem „metaphysischen Hof“ der Phänomene. Ich nehme gleichsam mehr wahr, als ich sehe: Mit jedem Sinneseindruck nehme ich zugleich ein Mehr an Allgemeinheit mit wahr, worüber der Sinneseindruck für mich erst Sinn macht, das Er-*scheinende* auf ein *Er*-scheinendes zurückweist. Denkend fokussiere ich das Vernommene auf ebendieses Mehr hin, um in der Folge die Erscheinungen gleichsam spiegelverkehrt, von dem her, was in ihnen erscheint, zu deuten. Nehme ich wahrnehmenderweise ein Außen nach innen, so gebe ich denkenderweise das Verinnerte ans Außen zurück, füge dem Wahrgenommenen eine Bedeutung hinzu. In dem Maße, wie ich mich wahrnehmend ans Wahrgenommene vergesse, gerät die von mir hinzugefügte Bedeutung zu einem Attribut des Wahrgenommenen selbst. Erst in selbstbewußter Öffnung zu einem Außen hin werde ich allmählich dessen inne, womit ich, vorbewußt, bereits Umgang habe. ‚Einen Sinn entdecken‘ bezeichnet genau dieses Wiedergefunden-Haben und Sagbar-Gewordensein eines unvordenklich Gekannten im wahrnehmend-handelnden Kontakt mit der äußeren Welt.

Sosehr ich, was mir erscheint, je schon ins nächst Umfassendere übersetze (bzw. im Unterlassen der Übersetzung die Wahrheit des Umfassenderen leidend erfahre), sosehr nötigt mich der jeweilig neue Sinneseindruck, die Veränderungen in der erscheinenden Welt wahrnehmend mit- und denkend nachzuvollziehen. Mit dem Augenblick, da sich Denken und Wahrnehmen voneinander entkoppeln, entbehrt das Wahrgenommene der Bedeutung wie das Denken seiner Gerichtetheit: Die Erscheinung erstarrt zu sinnloser

Äußerlichkeit, während das Denken in grenzenloser Innerlichkeit versinkt.

Nicht nur, daß ich den Erscheinungen Sinn abringe – das Wahrgenommene selbst beansprucht mich im Maße seiner Werthaltigkeit. Das mitwahrgenommene Sinn-Ganze birgt bereits moralische Implikationen, welche mich zu einer Überprüfung meiner Absichten, zur Neuausrichtung meiner Aufmerksamkeit nötigen bzw., bei Nichtbefolgung, mir ein „schlechtes Gewissen" bereiten. Nach Carl Friedrich von Weizsäcker erschließt sich uns der Wertgehalt der sichtbaren Welt stufenweise, vom *Nützlichen*, über das *Gerechte* zum *Schönen* hin.[38] So ist nützlich, was zweckdienlich ist in Hinblick auf ein Gut; nützlich par excellence ist, mich an Leib und Seele unversehrt zu wissen. Zu diesem Zweck muß ich zugleich daran interessiert sein, daß die Unversehrtheit überhaupt eines jeden gewährleistet ist. Um meinen Nutzen zu finden, muß ich den Begriff davon, was mir nützt, erweitern; ich muß mich, in meinem eigenen Interesse, von meinem Eigeninteresse lösen. Dies zeichnet denn das Gerechte aus: das eigene Wollen auf ein die anderen Menschen und mich einbegreifendes Allgemeines hin zu relativieren. Gerechtigkeit vollbringt sich indes nicht nur „ökonomisch", als bloße Schuldigkeit gegenüber meinen Mitmenschen, sondern als ein *Erwachen*, als befreiende Erlösung von der Blindheit und Begrenztheit meines Ich.

Hier nun kommt das Schöne als Inbegriff eines in sich selbst Erlösten, von meinem Interesse wie von einem Gemeininteresse Unabhängigen, Freien zu Geltung. Erscheint in der Schönheit etwas als durch sich

---

[38] Vgl. Carl Friedrich von Weizsäcker: Der Garten des Menschlichen, Frankfurt/M. 1980, S. 100ff.

selbst gerechtfertigt, als an sich selbst gut – mithin, auf den zweiten Blick, auch als nützlich und gerecht –, so kommt es auch in bezug auf das lebensführende Gelingen weniger darauf an, handelnderweise etwas zu „machen“ oder zu „erreichen“, als darauf, daß die Handlungen an sich selber ein gelungenes Ganzes darstellen. Dem lauter Wahrnehmenden zeigt sich am Gestus als dem wahrnehmbaren Ganzen einer Handlung der Geist „hinter“ der Handlung an der Handlung selbst.

7
Teilhabe-Erfahrung und „bloße“ Moral

Die Ordnung des Seins besteht in seiner Gutheit; darum übersteigt, nach Platon, die Gutheit das Sein selbst. Genauso kann die Schöpfung als solche nur gedacht werden, wenn sie als zugleich ‚gut‘ gedacht wird. Denken ist hier an Glauben gebunden, da wir das Gute selbst ja nicht kennen. Wir können einzig auf es vertrauen. Der denkende Nachvollzug der Schöpfung durch geistbegabte Geschöpfe kommt eher einem Wetten auf die Gutheit des Seins gleich, als daß wir, ihrer gewiß, uns auf der sicheren Seite glauben dürften. Der Glaube an das Gute, im ontologischen Sinn, riskiert *alles* – wissend, daß das Sein jenseits seines Gut-seins sinnlos ist. Die Wette auf die Gutheit des Seins eröffnet eine ‚ontologische Differenz‘, wonach das Sein nicht bloß ein Mehr gegenüber dem Seienden darstellt, sondern nur im Maße seiner Gutheit überhaupt ‚Sein‘: *Schöpfung* ist. Der Schöpfungs-Gedanke garantiert uns eine prinzipielle Verständlichkeit des Seins – darüber, daß er unseren Verstand in sich auf ein Selbstverständliches hin ausrichtet, von dem her wir, strukturell, verstehen.

Unsere Moralität ist an ebendieses strukturelle Verstehen-können gebunden. Sowenig wir indes mit uns selbst auf gleicher Höhe sind, so ist es noch Teil unserer Freiheit, das, was wir können, nicht schon automatisch zu wollen, sondern es entweder reflektiert zu wollen oder es abzulehnen, es wollen zu sollen. Auf jeden Fall kommen wir nicht umhin, auf unsere individuelle Weise zu wollen, was wir allgemein als Menschen wollen sollen. Wenn wir auch unseren freien Willen fehlleiten, unsere Freiheit verwirken können, so ist dennoch unser Eigensinn an sich nicht „schlecht“. Als Instrument meiner Einzigartigkeit als Subjekt, als Träger meiner Selbst-Absolvenz ist er ja „gut“. Gutes, aus sich selbst heraus Gerechtfertigtes, dient nicht notwendigerweise schon guten Zielen. Gute Ziele werden weniger gewollt, als daß wir unser Wollen selbst gegen das Gute, das wir, gutwillig, eingesehen haben, eintauschen. Sobald der Eigensinn sich in sich verhärtet, um nur mehr, unzugänglich, seinen eigenen, partikularen Zielen zu dienen, geht er seiner Integrität als individueller Träger unserer Menschlichkeit verlustig. In der Weise ist das ‚Schlechte‘ ein sinnlos gemachtes, pervertiertes, auf unsere bornierten Interessen reduziertes „ehemaliges“ Gutes.

Als „gefallene Naturen“, als Wesen, die, zu freier Selbst-Absolvenz genötigt, sich selbst verfehlen können, sind wir gefährdet, unser neigungshaftes Ausgerichtetsein auf Selbst-Erfüllung in Form der Eigenmächtigkeit zu hintertreiben. Als Geschöpfe sind wir grundsätzlich „gut“. Nicht so als Handelnde; als solche sind wir gleichwohl nicht ebenso grundsätzlich „böse“. Weder sind wir nur als Handelnde noch schon als Geschöpfe moralische Wesen, sondern in deren vollzogener Einheit, als Personen, die ihr Leben selbständig führen, indem sie, frei, ein Mandat ausführen: hier und jetzt sich dem Sein hinzuzufügen.

Indem es Gut und Böse als Gegensatz-Paar auffaßt, zerschneidet das manichäische Prinzip diese Einheit; sie verlagert die Frage des moralisch Richtigen außerhalb der menschlichen Person bzw. restlos in diese. Beides läuft auf dasselbe hinaus, denn so oder so ist die Gutheit des freien Willens negiert: sei es, daß die Gutheit von der Freiheit oder die Freiheit von der Gutheit abgezogen wird. Damit verschiebt sich der Fokus von Moralität weg von der metaphysisch-materialen Idee unserer von Schöpfungs wegen – als Geschöpf – gerechtfertigten Person hin zum juridisch-formalen Ideal eines überpersönlichen Sittengesetzes, das das Subjekt in dem Maße, wie es selbst, als spezifische Wesenheit, nicht in ihm vorkommt, allererst als „Über-Ich" zu verinnerlichen hat. Die reinste Form dieses überpersönlichen Sittengesetzes stellt Kants Kategorischer Imperativ dar. Als sozusagen würdevollste Spielart einer entteleologisierten – von der Selbsterfüllung der Person unabhängig gemachten – Moral, erweist er sich zugleich als reine, perfektionierte Verlegenheitslösung. Dies, indem sie nichts mehr sein will als ihre eigene Rahmenbedingung – indem sie das Zwischenmenschliche aus dem Teilhabe-Ganzen herausnimmt, es abkoppelt von der Realität unserer Geschöpflichkeit wie von dem Gebot der Selbstübereinstimmung eines jeden. Stets so handeln zu sollen, *„daß ich auch wollen könne, meine Maxime solle ein allgemeines Gesetz werden"*[39], ist so unmittelbar einleuchtend, wie der Imperativ inhaltsleer bzw. sein Inhalt der ‚gute Wille' selbst ist: eine Binsenweisheit.

Inhaltsleer, wird das Selbstverständliche des Moralischen zu allererst formal formulierbar – als *Formel*. Max Scheler zufolge ist es eines der Grundirrtümer

---

[39] Immanuel Kant: Grundlegung zur Metaphysik der Sitten. In: Werke, Bd. 7. Herausgegeben von Wilhelm Weischedel, Frankfurt/M. 1968, S. 28.

Kants gewesen, das Apriorische mit dem Formalen und, analog, das Materiale mit dem Sinnlichen zu identifizieren. Erst aufgrund dieser Gleichsetzungen wird eine Moral denkbar, die ganz und gar auf der „Spontaneität“ des Denkens, auf konstruktiver Verstandestätigkeit, mithin auf dem Erweis rationalisierbarer „Geltung“ beruht. Scheler hält dem entgegen, daß Mord z.B. an sich böse bliebe, selbst wenn niemals gewertet worden wäre, daß er böse sei; genauso, wie Gutes gut ist noch dort, wo es nicht als gut „gilt“. Das Selbstverständliche des Moralischen ist in genau diesem Sinne etwas Materiales, darin jedoch nichts Empirisches: Wir spüren, was gut, was schlecht ist, auch wenn wir selbst es noch nicht am eigenen Leib erfahren haben – ganz abgesehen von der Vorstellung, „gut“ und „böse“ irgend definieren zu können.

„Als ‚*Apriori*‘ bezeichnen wir alle jene idealen Bedeutungseinheiten und Sätze, die unter Absehen von jeder Art von Setzung der sie denkenden Subjekte und ihrer realen Naturbeschaffenheit und unter Absehen von jeder Art von Setzung eines Gegenstandes, auf den sie anwendbar wären, durch den Gehalt einer *unmittelbaren Anschauung* zur Selbstgegebenheit kommen. [...] Auch wo wir uns z.B. *täuschen* in der Annahme, es sei etwas lebendig, da muß im Gehalte der Täuschung uns doch das anschauliche *Wesen* des ‚Lebens‘ gegeben sein.“[40] – Indem das Kantsche Denken darüber hinaus die Subjektivität des Einzelnen gegen die Welt der Erscheinungen abschottete, firmiert es für Scheler als Paradebeispiel eines philosophisch kultivierten „Welthasses“. Darüber, daß Kant das Gewissen vom Empfänger zum Gesetzgeber avan-

[40] Max Scheler: Der Formalismus in der Ethik und die materiale Wertethik, S. 67 f.

cieren läßt, unterwirft er die Frage richtigen Lebens und Handelns, so verstanden, nicht nur der dem Pflichtgedanken eigentümlichen „Wertblindheit", sondern identifiziert diese Blindheit mit dem Moralischen selbst: dies sei Formalismus, der sich damit als Indiz einer *Ermattung* sittlicher Einsichtsfähigkeit erweist.

In gleicher Weise ist die Allgemeingültigkeit des Moralischen keine von der Besonderheit ihrer Subjekte gereinigte. Sie ist allgemeingültig nicht über, sondern in und durch uns, bzw. das ‚Über' ist bereits in uns selbst – als Höhe unseres Selbst – enthalten. Das politische Problem des Moralischen, daß seine Selbstverständlichkeit nicht ebenso selbstverständlich gegeben ist, wird in der formal formulierten Allgemeingültigkeit des Moralischen als Problem gerade zum Verschwinden gebracht. Jede Formel stiftet Allgemeingültigkeit stets um den Preis der Nivellierung von Differenz: Innen und Außen, Ich und Du, Hier und Dort, Heute und Morgen usw. Ich kann nicht überall sein, wie ich nicht jeder bin, nicht jedem begegne und nicht in jegliche Situationen gerate. Ich kann nicht jeden Augenblick antizipieren, somit auch nicht mein eigenes Verhalten (auch wenn ich es versuchte), nicht einmal meine jeweilige Pflicht, dieses zu tun, jenes zu lassen.

Der Pflicht-Begriff Immanuel Kants tut in dem Maße, wie er sich selbst in moralischer Hinsicht absolut setzt, uns da in unserer geschöpflichen Begrenztheit und Schutzbedürftigkeit Gewalt an. „Wenn Kant aus dem Prinzip der Wahrhaftigkeit heraus zu der grotesken Folgerung kommt, ich müsse auch dem in meinem Haus eingedrungenen Mörder seine Frage, ob mein Freund, den er verfolgt, sich in mein Haus geflüchtet habe, ehrlicherweise bejahen, so tritt hier die zum frevelhaften Übermut gesteigerte Selbstgerechtigkeit des Gewissens dem verantwortlichen Handeln in den Weg. Wenn Verantwortung die ganze, der Wirklichkeit angemessene Antwort des Menschen auf den Anspruch Gottes und der Nächsten ist, so ist hier der Teilcharakter der Antwort eines an Prinzipien gebundenen Gewissens grell beleuchtet. Die Weigerung, um meines Freundes willen am Prinzip der Wahrhaftigkeit schuldig zu werden, die Weigerung, hier um meines Freundes willen kräftig zu lügen – denn jeder Versuch, diesen Tatbestand der Lüge wegzudeuteln, entspringt wiederum dem gesetzlich-selbstgerechten Gewissen –, die Weigerung also Schuld zu tragen aus Nächstenliebe, setzt mich in Widerspruch zu meiner in der Wirklichkeit begründeten Verantwortung."[41]

Ich bin sterblich – nicht bloß, allgemein, als ‚Sterblicher', sondern, in spezifischer Weise als jemand, der mit einem bestimmten Lebensgefühl (das uns denn auf entsprechend spezifische Weise unseren Tod fürchten läßt) sein Leben lebt. Ich lebe mein Leben jetzt, hier, ohne zu wissen, wohin es mich führen wird, stets aber in der Hoffnung, daß es insgesamt heil ausgehen möge. Wo böte der Kategorische Imperativ *dafür* Platz? Beziehungsweise: Ist es ein Charakteristikum formaler Allgemeinheit, diese Befindlichkeiten als „eudämonistisch" und „partikularistisch" abzutun?

Michael Walzer hat zwischen zwei Arten von Universalismus unterschieden: einem umgreifenden Gesetzes-Universalismus (‚„covering law"-Universalismus') und einem erneuernd wiederholenden Universalismus (‚reiterativer Universalismus').[42] Propagiert

[41] Dietrich Bonhoeffer: Ethik, S. 260.

[42] Vgl. Michael Walzer: Zwei Arten des Universalismus. In: Babylon. Beiträge zur jüdischen Gegenwart, Heft 7, Frankfurt/M. 1990, S. 8ff.

der umgreifende Gesetzes-Universalismus, in Analogie zu dem einen Gott, ein alles umschließendes Gesetz, *eine* Gerechtigkeit und *eine* Ethik für die gesamte Menschheit, so bringt der erneuernd wiederholende Universalismus gerade die Besonderheiten und individualistischen Ausprägungen universaler Werte zur Geltung: das Recht auf Innerlichkeit, Unabhängigkeit und Selbstbestimmung von Personen, Stämmen wie Völkern.

Wenn etwa im *Exodus*, diesem universalistischen Text par excellence, nach umgreifender Gesetzes-Lesart die göttliche Errettung Israels die Befreiung der gesamten Menschheit repräsentierend vorwegnimmt, dann meint erneuernde Wiederholung, umgekehrt, daß jedes Volk, das Unterdrückung erfährt, seine eigene Befreiung erst noch realisieren muß; daß es dann, über seine je spezifische, partikulare Selbstbefreiung, die universal-naturrechtliche Dimension von Errettung, wie sie den Kindern Israels in der Wüste widerfahren ist, „wiederholt“. Dementsprechend hat Michael Walzer den Exodus in einer Weise interpretiert, die uns das Ereignis des Auszugs der jüdischen Sklaven aus Ägypten politisch nach zweierlei Mustern, in sowohl leninistischer als auch sozialdemokratischer Perspektive, begreifen läßt. Die leninistische Politik wird aus dieser Erzählung, in Rekurs auf die levitische Priesterschaft und Moses‘ „Säuberungen“ nach dem Rückfall des Volkes Israel in ägyptische Praktiken, eine Legitimation ihrer „avantgardistischen“ Politik ableiten können. Die sozialdemokratische Version hingegen betont den gleichermaßen zornesfähigen wie gütigen Erzieher Moses, der zwar dem Volk das göttliche Gesetz übermittelte, dieses jedoch weniger durchsetzte, als daß das Volk im Angesicht des Gesetzes freiwillig seinen Bund am Berge Sinai schloß.

Dieser Bund wird zu gleichen Teilen theokratische und republikanische Züge aufweisen: So haben zwar die Einzelnen an einer Übereinkunft teil, die sie zum auserwählten Volk werden läßt, *in* der Auserwähltheit aber erfahren sie sich zugleich auf ihre Selbständigkeit verpflichtet.

Das Wunder göttlicher Errettung erscheint gleichsam nur als ein Vorspiel zu den kommenden Mühen moralischer Autonomie; Mühen, die zeigen, daß der Marsch durch die Wüste, der einen moralischen Fortschritt, ja eine tiefgreifende Wandlung bringen soll, natürlicherweise von Rückschlägen begleitet bleiben wird. Der Rückfall dieses auserwählten Volkes in Götzendienerei ruft bei Moses einen tiefen Ekel hervor – zeigt dieser Rückfall doch, daß Menschen *freiwillig* der Knechtschaft huldigen, ja, daß die Knechtschaft ihrerseits eine Art „Freiheit" verbürgt, die ihnen, über die Preisgabe der Willensfreiheit, zugleich auch die Bürde, nach Geboten der Sittlichkeit zu leben, abnimmt.

„Tatsächlich ist eine Art Freiheit in der Knechtschaft enthalten; es ist eines der ältesten Themen in der politischen Philosophie, vor allem im klassischen und neoklassischen Republikanismus und im calvinistischen Christentum, daß Tyrannei und (negative) Freiheit einander ergänzten. Der unmündige und jeder Verantwortung entbundene Sklave oder Untertan ist auf eine Weise frei, wie der republikanische Bürger und der protestantische Heilige es nie sein können. Und die Freiheit schließt eine Art Bindung (*bondage*) ein: dem Gesetz, der Verpflichtung und der Verantwortung gegenüber. Wahre (positive) Freiheit liegt nach rabbinischer Anschauung in der Knechtschaft für GOTT. Die Israeliten waren die Sklaven des Pharaos gewesen; in der Wüste wurden sie zu Gottes Dienern – das hebräische Wort für beide ist dasselbe – und nachdem sie Gottes Herrschaft akzeptiert haben, zwingen ER und Moses, Sein Stellvertreter, sie, frei zu sein.“[43]

Ist einmal die Befreiung von Fremdherrschaft und Unterdrückung physisch vollzogen, drängt sich erst die dem Universalismus innere Problematik auf. In dem Augenblick, da man die äußerlich erlangte Autonomie inhaltlich füllt, erweist sie sich nämlich nicht mehr bloß als ein Anspruch auf Selbst*bestimmung*, sondern als je spezifische Art des Selbst*besitzens*. So ist das Gebot ‚Liebe deinen Nächsten‘ das umschließende Gesetz schlechthin, während jede Liebesbeziehung, die es umfaßt, partikular, einzigartig und unvergleichbar ist. Michael Walzer erinnert an ein anderes umschließendes Gesetz: ‚Selbstbestimmung ist das Recht jedes Menschen und Volkes‘, und zeigt, daß dieses Gesetz schnell an sein Ende kommt, da es das, was aus ihm folgt, nicht mehr spezifizieren kann. Einer Selbstbestimmung können wir aber nur dann irgend Wert beimessen, sofern sie *ihrem Inhalt nach* selbstbestimmten, individuellen Charakters ist. Das heißt, schon die Bestimmungen variieren je nach dem Selbst, auf die sie angewandt werden sollen. So verstanden setzt ein Satz wie ‚Selbstbestimmung ist das Recht jedes Menschen und Volkes‘ von jeher unterschiedliche Akte der Selbstbestimmung in Gang. Er schafft, mit einem Wort, weniger eine Welt der Gleichheit als der Differenzen.

Bei seinem Versuch, den Schnittpunkt von umfassendem Gesetzes-Universalismus einerseits und seiner erneuernd wiederholenden Praxis andererseits, von übersubjektivem Gebot und gelebter Innerlichkeit zu

[43] Michael Walzer: Exodus und Revolution, Berlin 1988, S. 62.

bestimmen, unterscheidet Walzer mit Stuart Hampshire zwischen zwei Aussagearten: ethischen „Steuerungen“, wie sie etwa die je nach Region und Kultur differierenden Sexualmoralen, Familienkodexe und Freundschaftspflichten darstellen, und allgemeinen Setzungen nach den Prinzipien der Gleichheit und Gerechtigkeit. Danach geben allgemeine Setzungen wie z.B. die Menschenrechte den Rahmen ab, innerhalb dessen die Menschen erst – erneuernd wiederholend – zu handeln vermögen, so daß der erneuernd wiederholende Universalismus von sich her schon dahin tendiert, in Begriffen eines umschließenden Gesetzes-Universalismus formuliert zu werden.

Das ‚Gesetz der Teilhabe‘ ist mithin in zwei Richtungen zu verstehen: in der Logik des genitivus obiectivus (umschließend) und des genitivus subiectivus (erneuernd wiederholend). Bevor das allgemeine Gesetz der Sittlichkeit uns sittliches Verhalten gebietet, drückt dasselbe Gesetz schon unsere Teilhabe an ihm aus. Von daher können wir, umgekehrt, unsere Individualität in moralischer Hinsicht auch nicht in Form des Eigensinns formulieren. Wir müssen vielmehr immer schon das allgemeine Recht eines jeden auf seinen Eigensinn mitformulieren.

Der Einzelne mag der Ermutigung zur Freiheit bedürfen, nicht jedoch einer Erklärung, warum Freiheit überhaupt wünschenswert sei. Ebenso verhält es sich mit Moralität: Dem allgemeinen Sollen geht unser individuelles Können voraus; noch der selbstloseste Idealismus, der sich dem Realismus bloßer Interessiertheit entgegensetzt, ist von Realität getragen – freilich einer tieferen, umfassenderen, als wir sie uns „realistischerweise“ vorstellen. Eine Ethik, die ganz und gar auf einem Sollen gründet, wird dem nicht gerecht, was Max Scheler den ‚Wertewert‘ nennt.

Während sich, der Schelerschen ‚Metaphysik der Person' zufolge, die Würde des Menschen an seiner *Öffnung* zur Welt der Werte bemesse, gerate die Kantsche Emphase eines autonomen Vernunftsubjekts zur schieren Heteronomie des Menschlichen. Daraus erst ergebe sich denn jene verquere Alternative zwischen der Herrschaft der Vernunft über die Affekte einerseits und einem ethischen „Auslebeindividualismus" andererseits.

Carl Friedrich von Weizsäcker hat von „bloßer" Moral gesprochen, sofern diese, in Form eines Kategorischen Imperativs oder einer Goldenen Regel, „gewollt" werden soll, ohne daß sie selbst in tieferer – materialer – Teilhabe-Erfahrung fundiert wäre. Solcherart Erfahrung nun transportiert die Gegenwart des *Schönen* als Indikator einer Seligkeit, die aller Intentionalität vorausliegt; die, mehr noch, unser Wollen trägt: als ein Ausweis dessen, daß jedem Imperativ ein Indikativ, jedem Sollen ein Können zugrunde liegt. „Die Moral, die den Trost dieses Indikativs der Seligkeit nicht hat, muß fordern bis zum Unmenschlichen, oder sie belügt sich selbst."[44] Die Gefahr jenes ‚guten Willens', den Kant als hinreichende Bedingung unserer Moralität voraussetzte, besteht darin, daß sich in ihm der Wille von der Aufmerksamkeit trennt. Mit Abnahme der Aufmerksamkeit, der Ansprechbarkeit durchs Außen, geht, innerlich, Einbildungskraft verloren – jenes Vermögen, den Anderen in mir selbst lebendig zu halten. Jedoch, ohne äußere Wahrnehmung und innere Vergegenwärtigung segelt Moral „ohne Ballast".

---

[44] Carl Friedrich von Weizsäcker: Der Garten des Menschlichen, S. 336.

Gegen die Herrschaft moralistischer Reglementierungen behauptet sich die menschliche Person als ein ‚besonderes Allgemeines', als sinn-verkörpernde, unbedingte Einzelheit. Als solche untersteht sie weder ausschließlich einem äußeren Gesetz, noch kann sie für sich beanspruchen, nach „eigenem Gesetz" zu willfahren. Beides kreuzt sich vielmehr in der jeweiligen Person zur Konkretion eines spezifischen – unvertretbaren – Menschlichen. Diese Konkretion bringt allererst Sinn in die Welt. Genau dies verleugnet die „bloße" Moral: die Unwiederholbarkeit des einzelnen menschlichen Lebens, das – jetzt, hier, spezifisch, unvertretbar – das Gesetz der Teilhabe mit endlichem Sinn füllt.

Person, die ich bin, erfahre ich in moralischen Dingen nichts, wovon ich nicht schon wüßte. Ich brauche weder inwendig eine „neue" Moral zu erfinden, noch die „alte" auswendig zu können. Noch wo wir uns eigenständig Normen und Gesetze geben, unterstehen wir einem ‚natürlichen Gesetz' – dem unseres eigenen, menschlichen Wesens. „Das Gesetz und das Wissen um das Gesetz sind zweierlei. [...] Es ist, so sagt man, ins Herz des Menschen geschrieben. Richtig, aber in Tiefen, die uns ebenso verborgen sind wie unser eigenes Herz. [...] Die einzige praktische Erkenntnis, die alle Menschen auf natürliche und unfehlbare Weise gemeinsam haben, besteht darin, daß man das Gute tun und das Übel meiden muß. Das ist die Präambel und das Prinzip des natürlichen Gesetzes, es ist nicht dieses Gesetz selbst."[45]

Einerseits steht das Moralische, instanzhaft, über uns – als ein uns umgreifendes Gesetz, als Gebot und Inbild einer ‚Menschlichkeit', die uns als Menschheit

[45] Jacques Maritain: Die Menschenrechte und das natürliche Gesetz, Bonn 1951, S. 53f.

eint; zum anderen spricht es, organhaft, in uns zu uns – als Gewissen einer freien, sich als ein Selbst absolvierenden Person. Dieser „doppelte Sitz im Leben“ der Moral ist, da wir das ‚natürliche Gesetz‘ nicht „kennen“, nur *von* ihm wissen, in keinen Monismus überführbar: Weder ist die moralische Instanz gebotener Menschlichkeit aus unserem individuellen Gewissen heraus entwickelt; das hieße nämlich, daß wir selbst Schöpfer des Moralischen wären, wir ganz und gar nur auf uns selbst zu hören brauchen. Noch kann unser Gewissen als verinnerlichende Anerziehung eines moralischen Universalismus „über uns“ gedacht werden; denn das würde bedeuten, daß das Gewissen aus Unfreiheit hervorgehe.

Es sind nicht wir – besagt das ‚natürliche Sittengesetz‘ –, die eine moralische Ordnung schaffen; vielmehr sind wir angehalten, innerhalb unserer von Erfahrung und Selbstbestimmung geleiteten Gesetzgebungen und Gesellschaftsgründungen dem transzendentalen – unserer Innerlichkeit eingeschriebenen – Gesetz der Teilhabe an der einen und einigenden Menschlichkeit zu entsprechen, Maßstäben, die uns aufgrund unserer Natur als mit Einsichtsfähigkeit und freiem Willen Begabte prinzipiell zugänglich sind und uns somit zugemutet werden können. Die Maßstäblichkeit des ‚natürlichen Sittengesetzes‘ gilt überall, unabhängig von Kultur und Geschichte, wenn es von uns fordert, unserer Menschlichkeit gemäß zu leben und zu handeln: daß sich der Mensch nicht von *sich* entfremde.

Thomas von Aquin verstand das ‚natürliche Sittengesetz‘ als die „Teilhabe der vernünftigen Kreatur am Ewigen Gesetz“, nicht als das Ewige Gesetz selbst. Dazu hat der Mensch, als Geschöpf, keinen Erkenntniszugang. Und weil er keinen Erkenntniszugang hierzu hat, hat er eine Moral nötig. Nicht aber dergestalt, daß er sie erst erlernen müßte, sondern daß er, indem er seine Menschlichkeit übt, sich zugleich immer besser – leichter – in sie einübe. Der Mensch übt sich im Teilhaben, indem er das Übel läßt und das Gute tut. Je mehr er sich hierin erprobt, desto zwangloser und selbstverständlicher – freier – wird er der eigenen Menschlichkeit innewerden. „Was von der Seele verlangt wird, ist nicht, die Regel immer zu beachten (oder das Lineal immer zur Hand zu haben), sondern daß sie ihr Handeln unter Beachtung der Regel vollziehe.“[46]

Sobald wir uns im Handeln der Bereitschaft zur Beachtung der Regel entziehen, handeln wir „böse“; wir machen uns einer willentlichen Geistesabwesenheit schuldig, der Abkehr von unserer eigenen Geschöpflichkeit. Als Wesen, die sich nicht selbst geschaffen haben, besitzen wir nicht die erste Initiative, welche uns in den Stand setzen würde, nicht nur Gutes zu tun, sondern das Gute selbst zu schaffen. Wir setzen dieses vielmehr je schon voraus als Bedingung der Möglichkeit, autonom zu handeln – sei es zum Guten, sei es zum Schlechten. Handelnd vertrauen wir auf ein Glücken von Handlung überhaupt, darauf, daß wir in der Lage bleiben mögen, auch künftig zu handeln. Jede Geste, jeder Atemzug vollbringt sich nach Maßgabe dieses Glückens, dieses Vertrauens. Leugnen wir „realistischerweise“ auch das Gute, so lassen wir es doch, nicht minder realistisch, unterderhand als Trage-Prinzip unseres eigenen Lebens arbeiten. Noch die Absicht, Böses zu tun, bedarf, um sich überhaupt vollbringen zu können, des Guten als seines Trägers:

---

[46] Jacques Maritain: Von Bergson zu Thomas von Aquin, S. 258.

Jemanden täuschen und schädigen wollend, muß ich eine „Unschuldsmiene" aufsetzen.

Noch das ungerechteste Regime wird nicht auf den Anschein von Legitimität verzichten können. Somit bleibt es dazu verurteilt, sich, indem es Lüge als Wahrheit, Willkür als - höhere - Gerechtigkeit ausgibt, zunehmend ins Scheinhafte zu verstricken, um letztlich ex negativo die Geltung dessen zu bestätigen, was es niederzuhalten sucht. Dergestalt bedarf die Eigenbewegung eines jeden totalitären Systems, wie Václav Havel schreibt[47], der *Ideologie* (der Heuchelei) als eines vermittelnden Alibis zwischen den Intentionen des Systems einerseits und den Ansprüchen des Lebens andererseits: Einem Panorama gleich entspannt sic ihre Unwahrheiten zur Totalpräsenz des Scheins.

So sehr allerdings der Schein darauf angewiesen bleibt, seine Rechtfertigung aus der Lüge - d.h. aus der Leugnung einer willensunabhängigen Wahrheit - zu beziehen, so sehr muß er sich, simulativ, auf ein Recht, eine Rechtsordnung berufen. Die konsequente Berufung auf die Geltung von Gesetzen, so borniert diese im einzelnen auch seien, seitens der Unterdrückten würde zugleich den Schein-Charakter der bestehenden Rechtsordnung deutlich werden lassen, deren angemaßte - vorgegebene - Allgemeinheit ihre inhaltliche Überantwortung erführe.

Im gleichen Maße kann es denn aus der Unwahrheit nur einen *universalen* - uns alle, mithin noch den Lügner und Unterdrücker einschließenden - Ausweg geben. Zu ebendiesem Zweck bedarf es der Antizipation des Guten in Zeiten des Widerstands: in Form

---

[47] Vgl. Václav Havel: Versuch in der Wahrheit zu leben, Reinbek 1990, passim.

einer Parallel-Polis, in der sich das ‚Leben in Wahrheit' – sei es nur in Gesten und Blicken – zu einer Gegen-Welt inmitten der Wahrheit- und Friedlosigkeit strukturiert.

Das Gute ist also da; es liegt an uns, daß unser Handeln und Denken erweist, daß es auch hier sei. Angesichts der Schönheit einer einzigen freien, zwanglösenden Geste, die für diesen Augenblick das Gute anwesend macht, erfahren wir die Frage, ob uns Moral überfordere, als nichtig.